Gwarlann de Kerviler



# RÉUSSIR SON MARKETING D'INFLUENCE

Comment faire collaborer marques, influenceurs et communautés sur les réseaux sociaux

DUNOD

Éditorial : Christophe Lenne & Anne Temps
Fabrication : Cédric Mathieu
Couverture : Léa Coma

Mise en pages : Belle Page

**NOUS NOUS ENGAGEONS EN FAVEUR DE L'ENVIRONNEMENT :**

PAPIER CERTIFIÉ

Nos livres sont imprimés sur des papiers certifiés pour réduire notre impact sur l'environnement.

Le format de nos ouvrages est pensé afin d'optimiser l'utilisation du papier.

Depuis plus de 30 ans, nous imprimons 70 % de nos livres en France et 25 % en Europe et nous mettons tout en œuvre pour augmenter cet engagement auprès des imprimeurs français.

Nous limitons l'utilisation du plastique sur nos ouvrages (film sur les couvertures et les livres).


11 rue Paul Bert, 92240 Malakoff
ISBN 978-2-10-088102-4

# Remerciements

Je souhaite remercier les nombreuses personnes qui ont accepté de prendre du temps pour répondre à mes questions et partager leur expérience et leur vision du marketing d'influence.

Adésir Anne-Sophie : directrice marketing – Tinder France

Arko Karen : Social Ads Expert & Growth Strategist – Tiktok France

Charlery Kim : créatrice de contenus

Coulon Eva : spécialisée en influence – ISCOM Lille

Decommer Claire : directrice adjointe du développement Cloud – agence Reech Influence

De Fenoyl Juliette : agente d'influenceurs – Agence BTS

De Kersauson Bénédicte : déléguée générale de l'Umicc

Dembele Mamadou : influenceur en écologie positive

Demnard Raphaël : fondateur de Sampleo & General Manager – Webedia Creator

Desmichel Perrine : professeure à l'ESCP Business School

Dremière Julie : Head of social media, influence & e-réputation – Allianz France

Dubois Anne-Mareille : déléguée générale du Syndicat des Conseils en Relations Publics

Hannachi Myriam : Senior Social Media & Influence – Allianz France

L'honnen-Frossard Laureline : directrice des affaires publiques et juridiques – Union des Marques

Le Guiniec Emilie : présidente du comité d'éthique de l'Umicc & fondatrice de l'agence Quarks

MANSOURI Mohammed : directeur délégué de l'ARPP

MARIAT Claire : directrice adjointe relations publics et influence – Ogilvy Paris

MAUSSIN Christophe : créateur de contenus & cofondateur de l'agence de production de contenus ACM Studio SAS

MIN Marion : directrice de l'agence de communication LEADIST

PRANDELLI Emanuela : professeure associée LVMH en gestion de la mode et du luxe – Université de Bocconi

PRUDENCIO Gaëlle : influenceuse *body positive*

PUYGRENIER Benjamin : directeur de la communication France & Benelux – Tinder

RIMASSA Madeline : Global Advocacy & Influence Manager – L'Oréal

ROOSEN Sophie : directrice marque et impact – Union des Marques

SCATTOLARI Léo : expert en communication digitale

SOMMER Fabien : Senior Global Communication Project Manager – Moët Hennessy

STERLINGS Charles : créateur de contenus

THÉVENY Jean-Patrick : directeur de TMT Consulting

# Préambule

La force de ce livre réside dans une méthodologie qui s'appuie sur des entretiens individuels approfondis avec des experts et mobilise de multiples sources académiques et professionnelles. Ces entretiens individuels donnent la voix à des spécialistes en tout genre : agences de communication, agents d'influenceurs, influenceurs et marques collaborant avec des influenceurs.

Les chercheurs et professionnels du marketing s'accordent sur le besoin de disposer d'un ouvrage qui puisse clarifier et structurer la présentation de l'influence et de ses mécanismes. Au-delà de l'observation de sa présence croissante dans l'environnement médiatique au travers des réseaux sociaux, l'influence suscite beaucoup de questionnements sur la meilleure façon d'appréhender son utilisation.

Lorsque l'on s'intéresse aux influenceurs et au marketing d'influence, on perçoit que le sujet est complexe car l'on trouve des profils et des actions très diverses, alors regroupés sous un même terme. Il est donc difficile de savoir comment améliorer sa stratégie marketing pour intégrer l'influence et la communication sur les réseaux sociaux de façon optimale. Le livre a pour objectif de répondre à ces interrogations et d'apporter aux managers, marketeurs ou autoentrepreneurs des outils pour comprendre comment l'influence peut être mise au service des objectifs d'image, d'audience et de croissance de l'entreprise.

La pertinence de l'ouvrage réside notamment dans le fait qu'il aborde une perspective fondée sur des recherches scientifiques intégrant des concepts théoriques, tout en collaborant avec des professionnels de l'influence. Ce livre est également destiné aux particuliers qui cherchent à décrypter le monde de l'influence, notamment en tant que consommateurs souhaitant rester maîtres de leurs choix.

Cet ouvrage constitue un guide pour comprendre et maîtriser les mécanismes du marketing d'influence à travers une analyse croisée de ses trois grands acteurs : les influenceurs, les marques et les consommateurs. Il propose une lecture à la fois théorique et opérationnelle du phénomène, en s'appuyant sur des recherches scientifiques, des témoignages de professionnels, des cas d'entreprise et des outils pratiques.

La première partie de ce livre s'attache à déconstruire les stéréotypes entourant les influenceurs. Loin de n'être que des vitrines publicitaires, les influenceurs sont des créateurs de contenu, des entrepreneurs et parfois des militants, qui doivent bâtir leur légitimité, fidéliser une communauté et monétiser leur activité tout en s'adaptant à un écosystème numérique mouvant. Le livre distingue plusieurs profils d'influenceurs (nano, micro, macro, célébrités, streamers, experts, etc.) et met en lumière la diversité de leurs motivations : désir de partager une passion, volonté d'inspirer, expression créative, quête d'indépendance financière ou besoin d'être utile. Il aborde aussi les risques liés à ce métier : précarité économique, dépendance aux algorithmes, surcharge mentale, critiques publiques et brouillage entre vie privée et vie professionnelle. L'évolution du métier est également traitée : structuration juridique (autoentrepreneuriat, société), recours aux agents ou agences et encadrement légal renforcé depuis la loi de juin 2023. De fait, l'influence est reconnue comme une activité professionnelle à part entière, exigeant rigueur, régularité et expertise.

La deuxième partie de l'ouvrage, plus stratégique, s'adresse directement aux marques et organisations souhaitant intégrer l'influence dans leur communication. Elle explore en profondeur la manière de concevoir, structurer et piloter des campagnes d'influence efficaces. Les marques sont invitées à repenser leur manière de communiquer : dans un univers saturé d'informations, l'influence offre un canal plus personnel et engageant que les publicités classiques. Mais elle exige une posture d'écoute, une compréhension fine des codes des réseaux sociaux et une collaboration équilibrée avec les créateurs de contenu. Le livre détaille les différentes formes de collaboration possibles : partenariat ponctuel, représentation de l'image de marque, cocréation de contenu, campagnes multi-influenceurs. Il souligne l'importance de bien choisir ses partenaires selon les objectifs (notoriété, engagement, conversions), la cible et la nature du message à transmettre. Une attention particulière est portée à la qualité de la relation marque-influenceur, qui doit être fondée sur la confiance, la transparence et le respect mutuel de la créativité et de l'image. La mise en place d'une campagne est présentée de manière méthodique : définition des objectifs, sélection des profils, brief créatif, gestion opérationnelle, contractualisation, suivi et mesure des performances (engagement, taux de conversion, portée, retour sur investissement). L'ouvrage insiste sur la nécessité de penser les partenariats dans la durée et non comme des actions isolées.

Un autre enjeu clé concerne le rôle des plateformes numériques. Celles-ci sont à la fois outils de création, de diffusion et de collaboration. Elles offrent des fonctionnalités qui facilitent le dialogue entre marques et influenceurs, tout en agissant comme intermédiaires puissants via leurs algorithmes. Le livre aborde leur responsabilité croissante en matière de modération et de transparence des contenus sponsorisés.

La dernière partie de ce livre analyse quant à elle le rôle des consommateurs dans l'écosystème de l'influence. Les réseaux sociaux sont devenus des espaces d'expression où les individus peuvent suivre des créateurs perçus comme proches, sincères et dignes de confiance. Les consommateurs, notamment les jeunes générations, suivent des influenceurs pour être informés, divertis ou inspirés.

# Sommaire

## PARTIE 2
## Rapprocher les marques et les influenceurs



## PARTIE 3
## Comprendre les internautes qui suivent des influenceurs

# Introduction

Autrefois dominés par la télévision, la radio et la presse, l'univers des médias a été profondément transformé par le développement de la communication digitale qui permet une diffusion et une interaction instantanées avec son audience. L'irruption de nouveaux médias conduisant à une multiplicité de plateformes pour diffuser ses messages rend le choix du canal de communication complexe.

Pour communiquer, une marque doit prendre en compte de nombreux paramètres comme les objectifs de l'entreprise, la cible, les ressources et le type de contenu souhaité (par ex. informatif, divertissant, etc.). Il devient difficile d'émerger dans un univers numérique en perpétuelle évolution et d'attirer l'attention des internautes sur des plateformes saturées. Pour capter l'intérêt des consommateurs, les marques doivent créer un lien émotionnel, s'intégrer aux tendances culturelles et proposer des contenus engageants.

Selon Claire Mariat, directrice ajointe RP & Influence à Ogilvy Paris, « les dépenses liées au marketing d'influence étaient évaluées à 250 milliards de dollars en 2023 et devraient atteindre 480 milliards de dollars d'ici 2027. Cette croissance rapide est liée au fait que les marques se tournent de plus en plus vers le marketing d'influence pour se rapprocher de leurs consommateurs via des messages perçus comme plus authentiques et crédibles ».

Mohammed Mansouri, directeur délégué de l'Autorité de Régulation Professionnelle de la Publicité (ARPP), affirme que l'on dénombre « 150 000 influenceurs en France. Ce nombre comprend des personnes dont l'activité d'influence est exercée de façon très épisodique. Le nombre d'influenceurs qui postent de façon régulière est plutôt autour de 4 000. »

Les influenceurs, parfois aussi appelés « créateurs de contenu » sur les réseaux sociaux, occupent une position centrale en tant qu'intermédiaires entre les marques et leurs audiences. Leur influence découle de leur capacité à forger des liens durables et authentiques avec leur communauté. La capacité d'influence repose sur des notions telles que la crédibilité (liée notamment à l'expertise et l'honnêteté perçue), l'attractivité (notamment l'apparence physique d'un influenceur) et la similarité de celui ou celle qui parle avec son audience. Le profil des influenceurs présente une grande variété, tant en termes de sujets de prédilection, de taille de communautés, de plateformes utilisées ou de collaborations avec les marques mises en œuvre. Les motivations qui poussent ces influenceurs à agir sont diverses : besoin d'autonomie, de compétence et de relation sociale, etc. D'autres motivations incluent les incitations financières, le désir de partager des centres d'intérêt ou de faire reconnaître une expertise particulière. Leurs pratiques sont souvent façonnées par des stratégies de gestion de l'image et de la réputation, essentielles pour maintenir l'intérêt, la fidélité et l'engagement de leur audience.

Les consommateurs font confiance aux opinions et recommandations basées sur l'expérience de quelqu'un d'autre, tandis que les influenceurs sont devenus incontournables pour partager des recommandations sur les réseaux sociaux. À l'ère du numérique, le pouvoir d'influence a pris une ampleur inédite, engendrant l'émergence d'un phénomène omniprésent dans les stratégies de communication contemporaine, qu'elles soient au service de l'image d'une personne, d'une cause, d'un parti politique, d'une entreprise ou d'une marque. L'influence est différente de la seule notoriété car elle incite à l'action ; elle est en ce sens performative.

Les influenceurs façonnent les perceptions des consommateurs, remplaçant parfois les médias traditionnels dans des domaines tels que la mode, la beauté, et même les campagnes politiques. Ce qui est particulièrement nouveau avec le développement des réseaux sociaux par rapport aux médias traditionnels, c'est l'accessibilité dans la prise de parole. Il devient tout à fait possible pour un particulier de diffuser un message audio, un texte, une vidéo sur une plateforme. Ce qui est différent c'est que l'audience est à créer. Si un journaliste s'exprime dans un journal, il existe déjà un lectorat prêt à écouter son point de vue. À l'inverse, un influenceur doit par lui-même générer de l'intérêt pour susciter l'envie de le suivre. Ainsi, tout le monde peut prendre la parole mais chacun risque aussi de prêcher dans le désert.

Selon l'agence Reech[1], 63 % des 18-24 ans indiquent suivre des créateurs de contenu sur les réseaux sociaux et 1 Français sur 4 accorde sa confiance à l'avis d'un créateur de contenu au moment d'acheter un produit. Pour mieux comprendre l'évolution et les mécanismes du marketing d'influence, le livre fait le point sur les caractéristiques et les stratégies permettant à un influenceur d'avoir une vraie influence, non pas seulement en termes de consommation de produits ou services, mais aussi en termes d'opinions, de style de vie, de comportements sociaux et sociétaux.

La rencontre des marques, des influenceurs et des consommateurs est rendue possible par le développement des plateformes numériques. Des algorithmes utilisés par Google ou Instagram (comme les historiques de visites de sites) déterminent les contenus pertinents qui sont mis en avant sur les réseaux sociaux et auxquels est exposé chaque consommateur. Par ailleurs, les plateformes offrent un accès à des données détaillées sur les préférences des utilisateurs.

Pour comprendre l'influence, il convient de prendre en compte trois acteurs clés qui interagissent entre eux : la marque, l'influenceur et le consommateur.

---

1. Marketing d'influence : étude Reech 2025 – 9e éd.

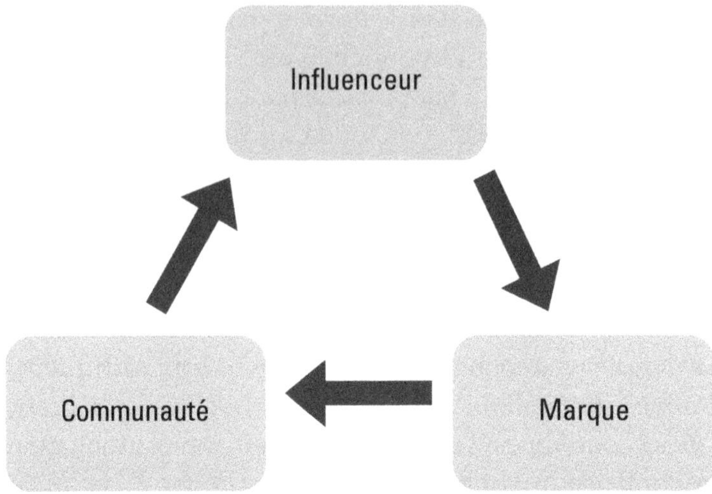


*Figure 1 – Les trois acteurs clés de l'influence*

L'ouvrage sera structuré en trois grandes parties afin de bien comprendre le rôle et les interactions des trois parties prenantes. Il s'agit ainsi de :

1. connaître les influenceurs ;
2. rapprocher les marques et les influenceurs ;
3. comprendre les internautes qui suivent des influenceurs.

# PARTIE 1
# Connaître les influenceurs

Sous les termes « influence » et « influenceur » se cachent une multitude de formes de communications et d'activités autour de la production et de la diffusion de contenus sur les réseaux sociaux. Une distinction des profils se fait notamment entre les créateurs de contenu, les célébrités, ou les streamers.

Le métier d'influenceur se professionnalise, avec des pratiques qui s'institutionnalisent : constitution d'une audience, légitimation sociale, gestion d'image, stratégies de collaboration et enjeux économiques pour assurer ses revenus.

Les nouvelles régulations du secteur et les évolutions technologiques façonnent les pratiques et posent des questions éthiques qui doivent être approfondies.

# Chapitre 1
# Qu'est-ce qu'un influenceur ?

## *Executive summary*

- **Le terme influenceur** peut recouvrir des profils et activités très différentes et il est essentiel de bien définir les caractéristiques clés qui permettent à une personne d'être reconnue comme un « influenceur », par les consommateurs et par les marques.
- **Quels sont les différents types d'influenceurs** et en quoi sont-ils différents des célébrités ou des streameurs ?
- **Quels sont les principaux parcours et motivations** pour devenir un influenceur ?
- **Comment** devient-on influenceur à impact ?

## Les caractéristiques d'un influenceur

Selon le dictionnaire *Larousse*, un influenceur est une « personne qui, par sa position sociale, sa notoriété et/ou son exposition médiatique, a un grand pouvoir d'influence sur l'opinion publique, voire les décideurs ». De façon plus précise, un influenceur est une « personne qui, en raison de sa popularité et de son expertise dans un domaine donné (mode par exemple), est capable d'influencer les pratiques commerciales des internautes par les idées qu'elle diffuse sur un blog ou tout autre support interactif (forum, réseau social, etc.)[1] ». Cette définition met bien en exergue le fait que l'influence se développe sur les réseaux sociaux et elle souligne de façon pertinente le fait que, pour être un influenceur, il est essentiel d'avoir une certaine notoriété, soit « d'être connu d'un grand nombre de personnes ». Nous pourrons donc nous interroger sur les sources et la mesure de cette popularité.

Le dictionnaire *Le Robert* propose une définition un peu différente : un influenceur est une « personne qui influence l'opinion, la consommation par son audience sur les réseaux sociaux[2]. » Ainsi, un élément fondamental de l'influence est le fait que la prise de parole se fait sur les réseaux sociaux et qu'on y trouve une forte audience, qui va bien au-delà d'un cercle de connaissances proches ou d'une liste de diffusion professionnelle. La question peut se poser de la taille minimum d'audience nécessaire pour « être connu d'un grand nombre de personnes » et pouvoir « influencer l'opinion ». Selon l'Autorité britannique de normalisation de la publicité (ASA), à partir de 30 000 abonnés sur les réseaux sociaux, une personne peut être officiellement considérée comme un influenceur. Si certains suggèrent tout de même que les « nano-influenceurs », qui ont environ 10 000 abonnés, peuvent être déjà considérés comme

1. « Influenceur, influenceuse », (2025) *Larousse*.
2. « Influenceur, influenceuse », (2025) *Le Robert*.

des « influenceurs » en ce qu'ils ont une influence sur des opinions ou des comportements d'autres personnes, leur audience restreinte limite leur capacité d'influence et ne leur permet en général pas de faire de leur activité sur les réseaux sociaux un métier à temps plein.

Par ailleurs, si l'on s'intéresse aux définitions de l'influence proposées dans les recherches académiques, on voit également apparaître une autre dimension fondamentale : celle de la crédibilité de la personne qui prend la parole[3]. Cette crédibilité est obtenue par le charisme de la personne qui parle et par le contenu partagé, tant sur le fond de ce qui est produit que par la forme, en termes de texte (vocabulaire, style), d'image (qualité des visuels), ou de son. Par ailleurs, la ligne éditoriale et la continuité dans les sujets permettent de comprendre la ligne directrice de l'influenceur en donnant une perception de cohérence et de fiabilité au contenu.

Enfin, la création de contenu à valeur ajoutée est une donnée importante quand on s'intéresse à l'activité d'influenceur. En effet, pour que des abonnés le suivent sur les réseaux sociaux, un influenceur doit créer un contenu intéressant, divertissant et utile en vue d'établir une audience fidèle. Nous verrons que la création de contenu de qualité exige du temps, de l'expérience et de la créativité.

## Les cas distincts des acteurs de téléréalité et des streamers

Deux profils particuliers sur les réseaux sociaux peuvent être considérés comme distincts des influenceurs de par leur positionnement et leur activité.

Tout d'abord, les acteurs de téléréalité acquièrent généralement leur popularité grâce à leurs apparitions dans des émissions télévisées populaires plutôt que par la qualité des contenus qu'ils postent sur une plateforme. Les personnes ayant vu une émission sont attirées vers les comptes des acteurs sur les réseaux sociaux. Ces

---

3. Nafees L., *et al.*, "Can social media influencer (SMI) power influence consumer brand attitudes? The mediating role of perceived SMI credibility", *Digital Business*, n° 1(2), mars 2021.

derniers voient ainsi le nombre d'abonnés croître en peu de temps. Contrairement aux créateurs de contenu, ils n'ont pas développé leur notoriété avec des contenus sur les réseaux sociaux et vivent souvent exclusivement de partenariats avec des marques, quand ils ne sont pas en tournage. Par ailleurs, plusieurs dérives de la part d'acteurs de téléréalité ont suscité beaucoup de suspicion de la part des abonnés. Les arnaques et divers comportements de certains influenceurs ont en effet provoqué des scandales, connotant négativement leur activité et discréditant la corporation dans son ensemble. Les créateurs de contenu cherchent clairement à se différencier de ce type d'influenceurs.

Il est ainsi essentiel de différencier les personnes qui vont créer et poster des contenus régulièrement pour faire de l'activité d'influence un métier à part entière, de ceux qui participent à des émissions et ne créent pas de textes, visuels ou vidéos.

Les streameurs sont quant à eux à part. Selon le *Larousse*, un streameur est une « personne qui diffuse en direct des vidéos sur Internet (*streaming*) tout en interagissant avec sa communauté d'internautes[4] ». Il s'agit d'influenceurs qui retransmettent en direct leurs « parties de jeux vidéo » au travers de médias/plateformes tels que Twitch.tv ou YouTube Gaming. Ils développent leur spécificité autour de :

1. la spontanéité ;
2. l'interdépendance sociale ;
3. l'immersion des spectateurs.

Les spécificités des streamers sont détaillées par Perrine Desmichel, chercheuse en comportement du consommateur et professeure à l'ESCP Business School, qui explique que les « streameurs » se différencient des influenceurs. Elle a réalisé une étude approfondie en menant 49 entretiens individuels avec des streamers et 5 entretiens d'experts du secteur, ainsi qu'un codage systématique de forums de streamers

4 « Streameur, streameuse », (2025) *Larousse*.

et d'utilisateurs. Elle souligne que ses analyses montrent combien « pour les marques, le streaming en direct offre un engagement plus fort, mais nécessite des campagnes flexibles adaptées à l'imprévisibilité des contenus ». Par ailleurs, elle indique que « les campagnes sur Twitch doivent capitaliser sur le sentiment d'urgence et l'attention immersive des spectateurs. Ainsi, les streameurs incarnent une nouvelle forme d'influence hybride, intégrant des interactions synchrones et asynchrones ». Bien que cette approche renforce l'authenticité et l'engagement, elle impose aussi des défis en matière de gestion d'image et de collaboration avec les marques. Perrine Desmichel considère que « les marques doivent mettre en place de nouveaux indicateurs de performance comme le temps de visionnage des internautes, la participation au fil de discussion (ou *chat*), ou le nombre d'abonnés payants ». Par ailleurs, les streamers interagissent en direct et en temps réel, ce qui peut créer de l'incertitude et réduire le contrôle sur l'image de marque. Perrine Desmichel met en lumière les principaux défis et opportunités de cette forme d'influence : la spontanéité, l'interdépendance sociale et l'engagement en direct.

- Spontanéité : les streamers doivent improviser face aux pannes techniques, aux interactions imprévues et aux algorithmes changeants. La spontanéité peut améliorer l'authenticité, mais augmente aussi le risque de controverses et d'erreurs irréversibles. Les stratégies pour gérer cette spontanéité incluent les outils de gestion de la communauté, des équipements professionnels et la modération des discussions.
- Interdépendance sociale : contrairement aux influenceurs traditionnels, les streameurs doivent gérer leur audience en direct. Un « stream » sans spectateurs actifs est un échec. Ces derniers influencent le contenu diffusé en temps réel, ce qui peut amener certains streamers à perdre le contrôle de leur créativité car leurs abonnés imposent des attentes strictes.
- Engagement de l'audience : les streamers étendent leur influence au-delà de Twitch (YouTube, Discord, Twitter) pour renforcer

le lien avec leur communauté. Ils utilisent des votes, défis, concours et mini-jeux pour maintenir un engagement actif. Les marques se servent des mécaniques de partenariats exclusifs et de promotions en temps réel pour capter l'attention.

Tableau 1.1 – Les spécificités des « streameurs » Twitch

| | |
|---|---|
| *Format du contenu* | Vidéo en direct, en temps réel |
| *Type d'interaction* | Synchrone (engagement en temps réel) via chat, dons, réactions instantanées |
| *Relation avec la communauté* | Très forte proximité grâce aux échanges en direct |
| *Authenticité & Risque* | Très authentique mais risqué (pas de filtre, erreurs possibles en direct) |
| *Durée de vie du contenu* | Temporaire (sauf s'il est enregistré) |
| *Engagement mesuré par* | Nombre de spectateurs en direct, activité du chat, dons, abonnements payants |
| *Monétisation* | Abonnements, dons en direct, sponsors, publicités Twitch |
| *Charge de travail & Planning* | Présence constante requise (streams longs et fréquents) |
| *Dépendance aux algorithmes* | Visibilité dépendante des horaires et algorithmes de Twitch |
| *Collaboration avec les marques* | Exige une adaptation du message publicitaire (contenu imprévisible) |

## La différence entre un influenceur et une célébrité

Un influenceur en tant que créateur de contenu se différencie d'une célébrité, même si certains influenceurs ont aujourd'hui atteint un statut qui peut s'apparenter à celui d'une célébrité, comme Léna Situations qui compte plus de 5 millions d'abonnés sur Instagram.

En effet, une célébrité est une personnalité connue pour sa réussite et son exposition médiatique avec un rayonnement national ou international, et dont la notoriété n'a pas été construite uniquement grâce aux réseaux sociaux. La notoriété d'une célébrité s'est construite sur une activité qui peut être la musique, le sport, l'activisme ou le cinéma par exemple. Par ailleurs, les consommateurs n'attendent pas particulièrement des conseils ou des tests de produits de la part des célébrités. Il y a parfois confusion des genres, notamment quand des célébrités diffusent beaucoup de contenu sur les plateformes. Cependant, on peut bien différencier les deux, comme le démontre le tableau ci-dessous :

Tableau 1.2 – Comparaison entre « Célébrité » et « Créateur de contenu »

| | **Célébrité** | **Créateur de contenu** |
|---|---|---|
| *Attentes de l'audience* | Le rêve, la vie idéale | L'identification |
| *Le contrôle créatif* | La marque | Le créateur |
| *Source de crédibilité* | Notoriété | Transparence & Passion |
| *Relations avec les abonnés* | Distance/ Supériorité | Proximité/Similarité |
| *Bénéfices pour une marque partenaire* | Association d'images | Crédibilité/Engagement |

## Les différents profils d'influenceurs

Il existe une très grande variété de profils d'influenceurs. De fait, il est important de les différencier selon deux dimensions clés : la taille de leur communauté et leur(s) domaine(s) de prédilection.

### Segmentation selon la taille de leur communauté

Une segmentation des influenceurs par la taille de leur communauté peut permettre de différencier les macro-influenceurs, qui apportent une forte visibilité, des micro-influenceurs, qui renforcent l'engagement et la proximité avec l'audience. Les nano-influenceurs ne sont quant à eux pas toujours considérés comme influenceurs car leur communauté très restreinte ne leur donne pas beaucoup de visibilité et ils ne peuvent généralement pas vivre de leur activité d'influence.

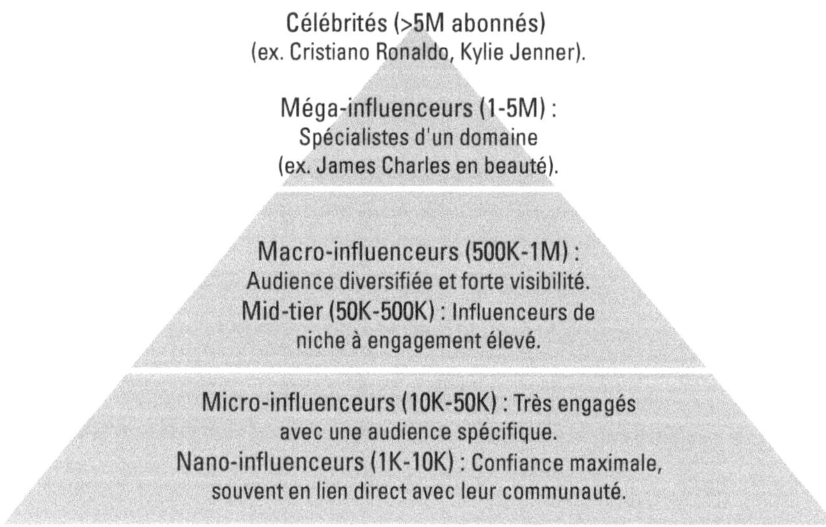


*Figure 2 – Segmentation des influenceurs selon la taille de leur communauté*

Selon Statista[5], les nano-influenceurs représentaient 78 % des comptes Instagram en 2023, les micro-influenceurs environ 17 %,

5. Ross C., "Distribution of Instagram influencers in France in 2023, by number of followers", *Statista*, 10 décembre 2024.

tandis que les mega-influenceurs et célébrités ne représentaient que 0,2 % des comptes. Cette segmentation des influenceurs permet aux marques d'avoir une stratégie de collaboration différenciée selon les profils. En effet, les plus gros influenceurs apportent avant tout de la visibilité et de la notoriété mais, souvent, avec un faible taux d'engagement au vu de la taille et de la diversité de leur audience. *A contrario*, des influenceurs plus petits apportent un taux d'engagement généralement plus élevé de la part de leur communauté.

### Segmentation selon leur(s) domaine(s)

Une autre approche de segmentation des influenceurs consiste à distinguer les influenceurs experts dans un domaine spécifique (par ex. maquillage, fitness) des influenceurs touchant plusieurs domaines qui peuvent communiquer sur plusieurs catégories de produits et service avec une expertise moins pointue.

## AVIS D'EXPERT

**Raphaël Demnard** | fondateur de Sampleo et General Manager de Webedia Creators

### Segmentation des influenceurs

Pour Raphael Demnard, l'agence Webedia différencie de son côté trois grandes catégories d'influenceurs avec lesquels elle collabore :

1. Incarnants (ou célébrités) ;
2. Experts (ou spécialistes d'un domaine) ;
3. Consommateurs (individuels avec une communauté restreinte mais proche).

Plus on avance dans les profils (c'est-à-dire des Incarnants vers les Consommateurs), plus on augmente la capacité réelle d'influence. L'agence conseille d'adapter le choix d'une catégorie d'influenceurs en fonction des objectifs et budgets des marques et de développer des stratégies de communication dans lesquelles des profils sont mélangés (par ex. « Experts » et « Consommateurs »).

- **Les Incarnants (visages connus)**

Ces influenceurs sont souvent des célébrités qui ont un visage connu et une stature unique. Ce sont notamment des grands sportifs ou des acteurs connus qui ont créé leurs pages sur Instagram ou TikTok et ont un grand nombre d'abonnés. Selon Raphaël Demnard, une agence comme Webedia peut jouer auprès des Incarnants « un rôle d'agent exclusif qui représente l'incarnant auprès du public, des agences et auprès des marques ». Il souligne qu'une agence peut « construire des projets avec les créateurs, les présenter aux marques et mettre à disposition des équipes créatives, commerciales et de production si nécessaire ». Il ajoute que « l'agence Webedia recrute 3 à 4 talents par trimestre – qu'elle considère comme des futurs Incarnants, parce qu'ils ont quelque chose de spécial, de bonnes idées créatives, une audience qui commence à les suivre. » Pour Raphaël Demnard, la sélection d'un Incarnant est un processus assez intuitif : « c'est l'expertise des équipes de Webedia de les repérer et les développer. Les Incarnants deviennent des producteurs de contenu avec des équipes créatives et commerciales ainsi que des ressources juridiques avant même d'avoir des studios et des moyens de production. »

- **Les Experts (spécialisés dans un domaine)**

Selon Raphaël Demnard, les Experts sont des créateurs qui ont commencé à se spécialiser dans une verticale (c'est-à-dire un sujet de prédilection) et ont fédéré leur communauté sur une thématique précise comme le soin, les voyages, la nutrition ou la famille. Les Experts détaillent, par exemple, la composition d'un produit ou la bonne façon de l'utiliser. C'est la partie la plus concurrentielle pour les agences car le nombre d'influenceurs experts est très important sur chacun des grands sujets clés pour les internautes. Selon Raphaël Demnard, « Webedia joue auprès des Experts le rôle d'une agence "outillée" pour la gestion complète des campagnes d'influence, allant du *sourcing* des influenceurs à la gestion des contrats et du contenu avec une approche multiplateforme. L'agence peut rechercher dans une base de données d'influenceurs (BDD) ceux avec lesquels elle a des relations privilégiées. »

▪ **Les Consommateurs (acheteurs ordinaires)**

Raphaël Demnard ajoute qu'il ne faut pas oublier les consommateurs dans l'écosystème du marketing d'influence. Même si ces derniers ne sont pas toujours considérés comme de vrais influenceurs car ils ont une toute petite communauté, Raphaël Demnard indique qu'« ils vont recommander une visite dans un cinéma, une réservation au restaurant ou recommander directement des produits en les testant ». Avec l'avènement d'Internet, il devient facile de faire des recommandations autour de soi et de laisser un avis sur un produit ou service. La proximité et la confiance de son cercle proche facilitent la conversion. Raphaël Demnard considère que l'agence « possède un outil complet et un véritable savoir-faire » qui la positionne en tant que leader sur cette catégorie d'influenceurs très fragmentée. L'agence doit souvent aller chercher pour une marque un profil très spécifique et complexe à dénicher comme, par exemple, « une mère de famille nombreuse qui habite dans une banlieue parisienne chic et consomme régulièrement un type de produits donné ».

## Différencier influenceur et créateur de contenu

On distingue parfois « influenceurs » et « créateurs de contenu », même si de plus en plus de personnes qui prennent la parole sur les réseaux sociaux se présentent comme créatrices de contenu. Pour le professeur Rob Kozinets, on peut différencier clairement deux termes.

« Un influenceur est une personne ou une entité qui a construit une marque personnelle et qui utilise celle-ci pour développer un public. Lorsqu'une entreprise engage un influenceur, elle veut accéder à son audience, pas seulement à son contenu[6]. »

---

6. FLEMING A., "Professor Rob Kozinets delivers a new expanded playbook on influencer relations", *USC Annenberg*, 14 septembre 2023.

« Un créateur de contenu est généralement une personne douée pour créer du contenu unique qui suscite l'intérêt comme des photographies, des vidéos culinaires, des photos de voyage ou des textes originaux. Du point de vue de l'industrie, ces personnes peuvent être embauchées pour créer du contenu destiné à être partagé[7]. »

## AVIS D'EXPERTE

**Emanuela Prandelli** | professeure associée LVMH en gestion de la mode et du luxe à l'Université de Bocconi

**Différencier « influenceurs locaux » et « créatifs »**

Pour Emanuela Prandelli, les marques peuvent avoir une approche originale et différenciante en s'appuyant sur deux profils d'influenceurs bien distincts.

1. Des influenceurs « locaux » qui sont reconnus pour leur connaissance du terrain. « Ils sont proches de leur communauté et ont une expertise locale qui peut permettre à des marques qui veulent s'implanter dans un territoire de mieux comprendre les attentes des consommateurs locaux et de paraître légitime. »
2. Des influenceurs « créatifs » qui sont reconnus pour leurs talents artistiques. « Ils ont besoin d'avoir une grande liberté dans leur prise de parole et une vision claire de la façon dont ils veulent créer des visuels ou des vidéos. Ils vont partir d'un brief sur ce qui est essentiel et ce qui est impossible pour une marque mais, ensuite, ils vont proposer une vision différente et innovante pour présenter la marque. »

Ces deux profils d'influenceurs diffèrent dans l'approche qu'ils ont de leurs talents créatifs et du lien qu'ils ont avec leur audience.

7. *Ibid.*

Ainsi, si les termes « influenceur » et « créateur » sont souvent confondus, tous les influenceurs ne sont pas systématiquement des créateurs de contenu.

De nouveaux types d'influenceurs émergent, notamment les influenceurs culturels, religieux ou politiques.

## Des profils suivis très différents

Selon une étude menée en 2024 par Reech[8], une agence experte du marketing d'influence, les profils qui prennent la parole sur les réseaux sociaux et qui peuvent être considérés comme influenceurs sont principalement :

- les créateurs de contenu (qui occupent une place dominante grâce à leur proximité avec leur audience) ;
- les stars de la téléréalité (qui sont de moins en moins appréciés par les consommateurs) ;
- les personnalités publiques ;
- les artistes ;
- les passionnés et les entrepreneurs.

Le tableau ci-dessous présente les résultats de l'étude concernant les profils qui s'expriment sur les réseaux sociaux selon leur importance.

Tableau 1.3 – Évolution de la popularité en fonction du profil du créateur du contenu

| Profil | Importance (popularité actuelle) | Évolution (tendance 2023 → 2025) |
|---|---|---|
| Les créateurs de contenus | Très suivis (top 3 des profils suivis) | Stable |
| Les passionnés | Très suivis (une des audiences principales) | +15 points |
| Les artistes | En forte progression | +19 points |

8. Source : Marketing d'influence : l'étude Reech 2025, 9e éd.

| Profil | Importance (popularité actuelle) | Évolution (tendance 2023 → 2025) |
|---|---|---|
| Les entrepreneurs | De plus en plus suivis, surtout par les CSP+ | +11 points |
| Les personnalités publiques | Moins populaires qu'avant | -7 points |
| Les stars de la téléréalité | En fort déclin | -11 points |

De nouveaux profils se développent plus récemment et réussissent à attirer une audience de plus en plus nombreuse, tels que les influenceurs culturels, religieux ou politiques.

## Les influenceurs culturels

Certains internautes cherchent des contenus culturels sur les réseaux sociaux. Ainsi, des consommateurs passionnés par des thèmes culturels comme l'art, la musique, la décoration, la gastronomie, ou la danse par exemple, partagent leurs coups de cœur et procurent des informations sous différents formats (vidéos, podcasts, images, etc.). Instagram peut servir à relayer des contenus qui seront aussi publiés sur d'autres plateformes. Ces influenceurs vont de quelques milliers à plus d'un million.

L'une des difficultés concernant les influenceurs culturels est de définir leur légitimité et leur positionnement par rapport aux acteurs historiques (critiques d'art, conservateurs, journalistes, etc.), d'autant plus que certains créent des comptes en marge de leur activité d'expert, lorsqu'ils le sont, et ne sont pas influenceurs à temps plein. Dans leur style éditorial, certains comptes sont factuels et sérieux tandis que d'autres cherchent plutôt à être militants ou drôles. Les internautes qui suivent ces influenceurs ont un désir de développer leurs connaissances et de découvrir de nouveaux lieux, notamment des musées. Les institutions culturelles doivent aujourd'hui communiquer sur les réseaux sociaux pour toucher une audience large et jeune.

Ainsi, de plus en plus de musées et galeries collaborent avec ces influenceurs pour moderniser leur discours et toucher une nouvelle audience. Plusieurs questions se posent alors sur la légitimité de la prise de parole de ces influenceurs qui ne sont pas toujours des experts de l'art ou de l'histoire ainsi que sur la concurrence que ces influenceurs représentent pour des professionnels.

### Les influenceurs religieux

Sur les réseaux sociaux, des influenceurs chrétiens créent leur espace de communication et attirent une communauté en recherche de contenus spirituels.

Sœur Albertine qui a lancé son compte sur Instagram en 2022, compte aujourd'hui 300 000 abonnés sur sa plateforme et indique qu'elle cherche à unir plutôt qu'à diviser les individus. Selon le Père Renaud Laby, prêtre au diocèse du Mans, sociologue et auteur d'une thèse sur le militantisme confessionnel en ligne, cette pratique a explosé au moment de la pandémie de COVID-19 et les abonnements se compteraient en dizaines de milliers. Le Père Benoît Pouzin diffuse des temps de prières, le Père Gaspard Craplet propose un format de questions/réponses, la Pasteure Johanne Exbrayat rassemble plus de 700 000 personnes sur TikTok et Frère Paul-Adrien rassemble 500 000 abonnés sur YouTube. Certains voient dans ces activités un moyen de dépoussiérer l'institution et d'attirer les jeunes. D'autres considèrent qu'il faudrait mieux structurer des pratiques désordonnées car si des personnes engagées dans l'Église comme des prêtres, des sœurs, des abbés prennent la parole, il y a aussi des personnes civiles qui parlent de religion ou témoignent, comme sur la chaîne YouTube « Mon expérience de dieu », sans réelle formation ou possibilité de contrôle de l'Église.

Le Vatican s'est emparé de la question et pointe la communication polémique de certains influenceurs qui peuvent partager des contenus jugés non religieusement corrects. La Conférence des évêques de France (CEF) souligne qu'elle peut désapprouver certaines vidéos qui dénaturent le message de l'Église et alerte sur le fait que le succès d'audience ne signifie pas que les propos sont justes. Face à l'avalanche de contenus et points de vue, de missions politiques pour certains et d'évangélisation en ligne, la CEF a mis en place en 2021 un groupe de travail avec les prêtres pour développer « une présence pastorale sur Internet ». Un moyen de sensibiliser aux codes en ligne, de donner des clés de compréhension et d'avertir.

### Les influenceurs politiques

En ce qui concerne les influenceurs politiques, on peut noter que les jeunes se renseignent très largement sur l'actualité via les réseaux sociaux et apprécient que des influenceurs permettent de décoder des enjeux sociétaux parfois complexes. D'autant plus qu'avec la peur des *fakes news*, certains internautes recherchent des influenceurs crédibles.

Les influenceurs politiques se revendiquent souvent comme étant indépendants avec une grande liberté de parole et la volonté de vulgariser les débats politiques. Cependant, certains peuvent servir d'intermédiaires entre les acteurs politiques et leur audience. Par exemple, lors d'élections, certains influenceurs ont un poids grandissant, ce qui amène des candidats à chercher l'attention d'influenceurs en apparaissant sur leur chaîne.

La façon de communiquer de certains influenceurs politiques – en face-à-face, avec un fond qui fait penser à son domicile et une interaction directe avec la possibilité de publier des commentaires – peut séduire. Les attributs physiques, psychologiques et sociaux (indicateurs de performance), l'expertise perçue sur le sujet et la qualité de la réalisation (son, vidéo, montage) jouent un rôle important.

## Les motivations pour devenir influenceur

Plusieurs facteurs expliquent l'engouement de certains jeunes pour le « métier » d'influenceur et le développement rapide de cette activité ces dix dernières années.

La crise-COVID de 2020 a fragilisé le marché de l'emploi traditionnel, poussant de nombreuses personnes à chercher des alternatives à leurs activités professionnelles. Un changement culturel a eu lieu : de plus en plus de personnes ont le désir de faire un métier qui les passionne, d'avoir plus de liberté dans l'organisation de leur emploi du temps et de ne plus dépendre d'un employeur. En parallèle, la démocratisation des smartphones, des réseaux à haut débit, des plateformes de partage et d'une infinité d'applications ont facilité la création et la diffusion de contenu. Enfin, les comportements de consommation des médias ont changé : les audiences sont fragmentées, méfiantes vis-à-vis de la publicité classique, et utilisent des bloqueurs de publicité. Tout cela a permis aux créateurs de contenu de trouver les ressources pour développer leur activité et de rencontrer une audience intéressée par leur proposition.

Plusieurs motivations peuvent inciter une personne à se diriger vers l'activité d'influenceur, comme le soulignent certains chercheurs. Jennie Giardino, chercheuse en comportement du consommateur, dans une thèse publiée en 2021[9], a ainsi mené une étude approfondie sur les motivations des influenceurs par le biais de 15 entretiens avec des influenceurs « lifestyle » ayant plus de 10 000 abonnés sur Instagram, YouTube ou TikTok. Dans cette étude, les motivations des influenceurs sont classées selon trois grands axes : motivations personnelles, bénéfices sociaux et enjeux identitaires.

## Motivations altruistes : inspirer, aider, exprimer sa créativité

De nombreux influenceurs expliquent qu'ils sont motivés par le souhait d'avoir un impact positif sur la société, en partageant des expériences vécues ou des conseils. Par ailleurs, certains influenceurs ont commencé à poster des contenus qu'ils jugeaient être utiles à d'autres

9. Giardino J., *Social Media Influencer Motivation : Exploring What Drives Micro-Celebrities to Produce Content Using Social Exchange Theory*, Rochester Institute of Technology, 15 mai 2021.

personnes, sur des thèmes comme la confiance en soi, l'acceptation de son corps ou la préparation d'examens. Les réponses données lors des entretiens menés par Jennie Giordano illustrent ce point. Par exemple, lors d'un entretien, un influenceur qui a 16 500 abonnés sur YouTube souligne combien il apprécie quand des abonnés lui font des retours positifs sur l'utilité de ses messages et confirme qu'il poste avant tout pour sa communauté. Par ailleurs, une influenceuse qui a 12 700 abonnés sur Instagram indique qu'elle veut surtout aider les gens dans leur quotidien.

### Motivations relationnelles : créer du lien, se sentir entouré et écouté

Pour certains influenceurs, un autre moteur est centré autour du sentiment d'appartenance et des interactions sociales qu'ils peuvent avoir avec leurs abonnés. Un répondant aux 458 000 abonnés YouTube déclare à l'adresse de Jennie Giordano : « Ils m'apportent tellement de bonheur… c'est comme une autre famille. Si on m'enlevait YouTube, on m'enlèverait une grande partie de ma vie[10]. » Certains voient leur rôle comme celui d'un point de contact humain, une présence bienveillante pour des personnes parfois isolées et indiquent par exemple qu'ils apportent à leurs abonnés « un peu de compagnie ».

### Motivations identitaires : rester authentique

Les influenceurs accordent enfin une grande importance à l'authenticité. Ils veulent que leurs contenus et partenariats reflètent leurs convictions personnelles, comme cela est reflété dans un commentaire d'un influenceur interrogé par Jennie Giordano : « J'accepte uniquement les collaborations avec des marques que j'aime vraiment. Je veux que mon audience voie que c'est authentique ».

Pour résumer, le tableau ci-dessous répertorie les principales motivations des influenceurs.

10. *Ibid.*

Tableau 1.4 – Les motivations pour devenir un influenceur

| Motivations | Illustration/Verbatim |
| --- | --- |
| *Aider/Inspirer* | « Cette vidéo m'a aidé à traverser ça (...) » |
| *Exprimer sa créativité personnelle* | « C'est un journal photo. » |
| *Développer du lien social* | « Ce sont mes amis, ma famille virtuelle. » |
| *Être une présence, un soutien pour les autres* | « Si quelqu'un est seul, je suis là, à portée de message. » |
| *Renforcer son authenticité/Valeurs* | « Je ne collabore qu'avec des marques en qui je crois vraiment. » |

L'influenceur en finances Charles Sterlings (1,3 million d'abonnés sur TikTok) exprime quant à lui qu'il « aime le fait qu'en tant qu'influenceur on va faire des expériences incroyables que l'on pourra ensuite partager avec sa communauté. J'apprécie les opportunités auxquelles mon statut d'influenceur me donne accès : discuter avec des dirigeants, des responsables politiques, d'autres créateurs pour comprendre leur vision. Cela nous ouvre plein de portes dans le monde réel » – même s'il reconnaît que tout n'est pas toujours rose : « Par contre, parfois on reçoit des insultes un peu gratuites sur Internet. Ce n'est pas le cas dans la vraie vie ».

## Comment devenir un influenceur ?

Quand on veut se lancer comme influenceur, on peut facilement créer son compte Instagram ou TikTok. Le développement des réseaux sociaux a favorisé l'accessibilité dans la prise de parole. Il devient très facile de diffuser un message audio, un texte, une vidéo sur une plateforme sociale. En revanche, ce qui est plus difficile sur les réseaux sociaux, c'est le fait de générer de l'intérêt sur ses posts dans un environnement saturé. Il est complexe de proposer un contenu qui sera repéré, regardé et qui donnera envie à des consommateurs de prendre en compte les informations et conseils proposés. Si chacun peut prendre la parole sur une plateforme comme LinkedIn ou TikTok, il risque aussi de prêcher dans le désert et de ne parler qu'à lui-même s'il n'arrive pas à créer du contenu assez pertinent pour engager son audience.

En effet, diffusion ne signifie pas audience. Quand on prend la parole sur Internet, il faut bâtir et faire croître son audience contrairement aux autres médias traditionnels tels que les chaînes de télévision ou de radio bénéficiant déjà d'une audience. En effet, si une marque diffuse un message sur une chaîne de télévision qui est déjà très suivie, la marque bénéficie de l'audience captive qui a été recrutée par la chaîne (par exemple par l'émission qui se trouve juste avant ou juste après un spot publicitaire). Par contraste, sur les réseaux sociaux, un influenceur va devoir créer sa propre vitrine sur son site Internet ou sa plateforme et il lui faudra proposer un contenu suffisamment intéressant et engageant pour que les consommateurs y adhèrent.

Il est donc essentiel, lorsque l'on se lance dans l'influence, de conjuguer stratégie de contenu, stratégie de développement d'audience et stratégie de monétisation.

**Astuce : Pour un parcours type en trois étapes clés**

1. Publier du contenu très régulièrement sur un sujet bien précis afin d'être repéré et reconnu dans son domaine.
2. Construire une audience fidèle en publiant, en interagissant sincèrement et en se formant pour être toujours à la pointe sur les sujets abordés.
3. Commencer à monétiser ses contenus en diversifiant ses sources de revenus.

## TÉMOIGNAGE

**Thomas Acien, aka @ChronicFoot** | créateur de contenu foot/sport (YouTube : 371 000 abonnés/TikTok : 365 000 abonnés/Instagram : 62 000 abonnés)

### D'un hobby au temps plein

Au départ, c'était juste un hobby, une passion. Je postais le soir et le week-end, quand j'avais un peu de temps libre. Ensuite, je me suis d'abord mis à mi-temps pour ne pas prendre trop de risques. C'est seulement quand j'ai senti que je n'arrivais pas à être ultraréactif et quand j'ai pensé que le risque n'était pas trop gros que je me suis lancé à temps plein.

Ainsi, on devient souvent influenceur de façon progressive, en commençant par une activité de production de contenu durant son temps libre avant de se consacrer plus largement à l'influence pour se professionnaliser et en faire son métier à temps plein.

## Capitaliser sur un moment fort

Il y a parfois un déclic, un moment clé. Par exemple, l'influenceur diffuse une vidéo, un post qui fonctionne particulièrement bien et qui lui donne un signe encourageant sur sa capacité à intéresser suffisamment une audience pour se lancer à temps plein dans l'activité d'influence. L'influenceur Mamadou Dembele, qui cumule 450 000 abonnés sur son compte Instagram @theimpactstory, considère que l'une de ses vidéos en particulier a été un déclencheur : « Une vidéo qui a très bien marché est un post au sujet d'un entrepreneur qui s'est lancé dans la récupération des savons d'hôtels laissés dans les salles de bain. Ces savons étaient retraités et distribués aux populations qui en ont le plus besoin. Cela a permis de limiter les risques de mortalité des populations qui en bénéficiaient. Le storytelling était plutôt bien fait et le sujet était top. »

## TÉMOIGNAGE

**Kim Charlery** | créatrice de contenus (TikTok : 74 000 abonnés/Instagram : 11 000 abonnés)

### Partir d'une vidéo à succès

J'ai commencé parce que j'étais danseuse et je postais des vidéos de notre groupe sur YouTube pour nous donner de la visibilité. Peu à peu, j'ai créé une communauté qui me suivait. En 2020, au moment du Covid, j'ai fait une vidéo qui a tout changé. J'ai reçu un paquet pour mon anniversaire : j'ai pleuré et je l'ai ouvert en direct avec ma communauté. Ce qui était original est le fait que je commençais par pleurer alors que l'on m'offrait un cadeau. La vidéo a eu beaucoup de succès. J'ai alors décidé d'arrêter mes études et de me consacrer à la réalisation de vidéos de mode, de maquillage et *lifestyle*. Je suis une grande consommatrice des réseaux sociaux où je suis beaucoup d'influenceurs : j'avais envie de faire pareil, ça m'a inspirée. Je n'ai pas vraiment choisi d'être influenceuse. J'ai choisi de partager des vidéos et elles ont bien fonctionné.

Avec le développement des réseaux sociaux, tout individu dispose d'un nouveau pouvoir : celui de prendre la parole publiquement et de se faire entendre par un grand nombre de personnes. Tout individu peut donc, *a priori*, devenir un influenceur.

## Persévérer et publier

Il faut toutefois faire preuve de talent et de persévérance pour que le contenu soit repéré et que l'on puisse se lancer vraiment. Selon Emilie Le Guiniec, présidente du comité d'éthique de l'Union des métiers de l'influence et des créateurs de contenu (Umicc), ce sont les influenceurs les plus acharnés qui parviennent à percer : « On peut comparer l'influence au foot : il y a beaucoup d'appelés pour peu d'élus. Monter une vidéo YouTube de qualité c'est du temps, du talent et de l'expertise. Lena Situations, une influenceuse qui a près de 5 millions d'abonnés sur Instagram, est créative, poste tous les jours et répond à sa communauté. Elle a le talent de savoir parler, trouver les bonnes idées, et elle a su s'orienter sur les bons choix de carrière avec un agent. » Emilie Le Guiniec souligne qu'il est essentiel de bien travailler son image et d'être soucieux de bien choisir ses partenariats en respectant son audience : « Les influenceurs doivent préserver la relation avec leurs abonnés qui ne sont pas faciles à fidéliser – cela demande une discipline dans la création et le partage de contenu afin de maintenir l'intérêt de son audience et des algorithmes. » Les influenceurs doivent en effet consacrer du temps et des ressources dans la production et la diffusion de leur propre contenu. Leurs thèmes sont souvent liés à des passions ou des sujets d'intérêt personnel.

### Être visible sur un thème original et personnel

Il est également essentiel de partager une passion et de trouver progressivement un positionnement unique pour se différencier, comme le souligne Christophe Maussin, créateur de contenus spécialisé dans le football (1,3 million d'abonnés sur l'ensemble de ses réseaux). Il ajoute par ailleurs que l'on devient influenceur à force d'y dédier du temps : « J'étais plutôt dans un format d'entrepreneuriat au départ. Je ne comptais pas mes heures de travail, ce qui est différent du secteur privé. J'ai d'abord créé une agence de voyage dédiée aux événements sportifs qui a bien marché jusqu'au Covid. Je maîtrise la prise de parole en général mais je connaissais moins bien les réseaux sociaux. » L'audience de Christophe Maussin s'est construite progressivement avec des contenus originaux : « le partage en direct d'un moment incroyable comme un enregistrement en direct dans un café à Marseille pour partager l'avant match de l'OM ». En s'associant à Thomas Acien, un autre créateur de contenu dédié au Real Madrid, ils étaient les premiers influenceurs à prendre la parole sur le foot à deux via le podcast Apple « Vestiaire Football Club : ». Enfin, Christophe Maussin reconnaît lui aussi qu'il a eu un déclic avec une vidéo qui a très bien marché : « La vidéo qui a eu le meilleur ratio est celle où j'annonce que je me lance à 100 %. Là où je ne pouvais que travailler 3 fois par semaine, maintenant c'est 15 minutes d'actualité tous les jours sur le club ».

**Exemple : Gaëlle Prudencio, influenceuse *body positive* et fondatrice du compte Instagram @ibilolabygaelleprudencio (91 000 followers)**

***Porter ses convictions***

Gaëlle Prudencio a choisi le thème du *body positive*, auquel elle est sensible, pour tendre vers une société inclusive envers tous les types de corps. Lutter contre la grossophobie lui a permis d'aborder le sujet de l'acceptation de soi de façon très authentique en partageant ses doutes et ses espoirs concernant la vision qu'elle a de son propre corps et de ses tenues vestimentaires.

Gaëlle a créé le mouvement *#FrenchCurves* pour encourager les femmes à s'approprier la mode grande taille sans complexe, et a également lancé sa marque de vêtements Ibilola, la première ligne de mode grande taille en tissu africain wax (teint à la cire).

Pour se faire repérer, défendre ses convictions et devenir une référence sur le thème du *body positive*, Gaëlle poste les photos de ce qu'elle porte, partage des bons plans pour savoir s'habiller en grande taille et organise des événements, comme un concours de looks mensuel, dans le but de développer une vision plurielle de la mode. Elle développe aussi sa visibilité par une stratégie d'intervention dans les médias (presse, radio), de partenariat avec des marques connues et de prises de position marquantes tels que l'illustrent ses posts « 5 conseils à ne pas suivre quand on est ronde ».

Une autre question qui se pose concernant les stratégies pour devenir un influenceur à succès est celle de savoir comment se former. Dans de nombreux cas, les influenceurs se sont formés par eux-mêmes, en observant les pratiques des autres influenceurs, en écoutant les commentaires ou suggestions de leurs abonnés et en analysant les statistiques de leurs différents posts. Ainsi, un influenceur comme Mamadou Dembele s'est formé sur ses sujets de prédilection durant ses expériences professionnelles avant de se lancer dans l'influence, puis au quotidien en étant curieux et à l'écoute des actualités dans son domaine.

## AVIS D'EXPERT

**Mamadou Dembele** | influenceur en écologie positive et fondateur du compte Instagram @theimpactstory (**450 000 abonnés**)

### Se former pour améliorer ses performances

Je me suis inspiré de mon ancien métier dans la finance d'investissement : tous les jours je rencontrais des porteurs de projets qui proposaient des solutions innovantes. Je sais identifier les bons projets dans les incubateurs, les fonds d'investissement, les écoles. Ensuite, ça s'est diversifié dans le temps avec plusieurs sources d'information. Aujourd'hui, ces sources sont :

1. les gens qui me suivent me font des suggestions et m'envoient des propositions ;
2. l'inspiration de sujets issus de la presse spécialisée ;
3. mon réseau dans plusieurs entreprises où je reste en contact avec de nombreux managers.

Je me suis formé seul à la production de podcasts (studio de podcast) pour réaliser des interviews. On se forme en produisant et on regarde les vues/les *likes*/les commentaires pour savoir comment s'améliorer. On essaie d'expliquer le nombre de vues mais on n'a jamais toute l'explication car on ne sait pas vraiment comment fonctionne l'algorithme. Je ne peux jamais garantir le nombre de vues. Un des secrets est de produire du contenu suffisamment intéressant pour que les personnes regardent la vidéo jusqu'au bout. Il faut une accroche intrigante pour susciter l'intérêt et capter l'attention. Pour maintenir l'intérêt il faut qu'il y ait une histoire bien écrite avec une chute que les gens veulent connaître.

## L'ESSENTIEL

- L'influenceur a des caractéristiques uniques qui lui permettent de prendre la parole de façon légitime et crédible pour attirer une audience.
- L'impact d'un influenceur repose sur la crédibilité de son expertise, la proximité avec ses abonnés et la création de contenu pertinent.
- On distingue différents profils d'influenceurs selon la taille de l'audience, le domaine de prédilection et le statut (créateur de contenu, streamer, etc.).
- Les motivations pour devenir influenceur peuvent être intrinsèques (autour de l'envie de partager ses passions) ou extrinsèques (autour du désir d'obtenir des avantages financiers).
- Le parcours pour devenir un influenceur reconnu est exigeant et demande du talent, mais aussi des ressources et de la ténacité afin de développer une communauté.

# Chapitre 2
# Le métier d'influenceur

## *Executive summary*

- **L'influenceur** est tout à la fois source d'information et d'inspiration, créateur de contenus originaux, amplificateur de messages de marques et prescripteur de produits ou services auprès de sa communauté.
- **Le statut d'influenceur** évolue, notamment avec une professionnalisation des pratiques et une reconnaissance croissante du rôle d'influenceur et de sa légitimité.
- **Être influenceur** peut paraître attrayant mais présente de nombreuses difficultés qui peuvent parfois mener certains influenceurs à des situations critiques.

## Ses différentes activités

Le rôle de l'influenceur peut varier et il n'y a pas un modèle unique qui serait établi. Cela est dû au fait que les activités autour de l'influence sont encore très récentes et que les cadres réglementaires et les modèles à suivre sont en plein développement.

Comme le rappellent De Kerviler, Demangeot et Dolbec, « les différences dans les compréhensions socialement partagées peuvent expliquer que des influenceurs effectuent la même activité de façon différente[1] ». Différents modèles culturels vont être utilisés par les influenceurs pour exercer leurs activités : « un modèle culturel comprend un ensemble de caractéristiques interconnectées qui forme la façon dont les influenceurs peuvent voir leur rôle de façon différente ».

L'influenceur peut endosser plusieurs rôles en même temps, selon qu'il s'agit de sa relation avec les internautes, avec les marques ou avec les plateformes. Pour les internautes, l'influenceur est un émetteur qui joue le rôle de source d'information, d'inspiration et de divertissement, autour de sujets et centres d'intérêt pertinents. Au-delà de la création de contenu, l'influenceur a aussi un rôle d'interlocuteur pour son audience car il interagit – parfois en direct – avec ses abonnés en répondant aux commentaires et aux questions. Pour les marques, l'influenceur a un rôle d'intermédiaire et d'amplificateur des messages auprès d'une cible précise, qui a confiance et est attentive aux communications. L'influenceur joue aussi un rôle créatif en proposant de nouvelles façons de parler de la marque ou de mettre en scène des produits. Enfin, il a un rôle d'observateur des attentes des consommateurs et d'analyste des performances des contenus (taux d'engagement et taux de conversion par exemple) afin de conseiller la marque dans la meilleure façon de communiquer sur les réseaux sociaux.

1. De Kerviler G., Demangeot C., Dolbec P.-Y., "Why and How Consumers Perform Online Reviewing Differently", *Journal of Consumer Research*, vol. 51, n° 6, avril 2025.

L'influenceur a un rôle clé dans la diffusion de contenus générant une audience large et engagée qui va passer du temps sur une plateforme pour suivre les posts. L'influenceur a ainsi un rôle à jouer envers les internautes et les marques, mais aussi envers les plateformes.

## AVIS D'EXPERT

**Mohammed Mansouri** | directeur délégué de l'Autorité de Régulation Professionnelle de la Publicité (ARPP)

### Les rôles de l'influenceur dans ses collaborations

Selon Mohammed Mansouri, l'influenceur a plusieurs rôles dans les collaborations avec les marques.

1. Créateur de contenu : il traduit des messages commerciaux en récits personnels, rendant la publicité naturelle et engageante.
2. Canal de diffusion : en relayant les messages sur ses réseaux, il atteint des audiences ciblées souvent inaccessibles par les médias traditionnels.
3. Porte-parole ou prescripteurs : sa recommandation est perçue comme une approbation personnelle, ce qui renforce la confiance et l'engagement.

## Son statut

À mesure que les influenceurs et créateurs passent du statut d'utilisateurs occasionnels des réseaux sociaux à celui de prestataires de services professionnels, leur activité devient du travail. Par ailleurs, l'évolution des pratiques de consommation des médias et de communication des marques conduit à donner aux influenceurs un rôle plus important dans la diffusion de contenu.

Pour l'agence Ogilvy, l'influenceur s'impose comme un acteur incontournable des médias aujourd'hui : « on le loue, on le décrie, bref il fait la une et semblerait promis, si l'on écoute certains experts, à tout simplement remplacer des leviers plus traditionnels, comme la publicité, qui serait trop descendante et consommée par une population vieillissante. Comme souvent, la vérité se situe au milieu ; loin de remplacer les leviers traditionnels (publicité, relations publics, promotion des ventes, marketing direct, etc.), le marketing d'influence les complète et offre de nouvelles opportunités pour atteindre et engager son public cible ». L'agence Ogilvy souligne que « ce serait une erreur de tout miser sur le marketing d'influence et d'oublier les leviers traditionnels, qu'il complète et enrichit. L'approche idéale consiste donc à intégrer le marketing d'influence dans une stratégie marketing globale, en utilisant chaque levier à bon escient pour maximiser son impact et atteindre ses objectifs ».

Selon Bénédicte de Kersauson, déléguée générale de l'Union des métiers de l'influence et des créateurs de contenu (Umicc), « l'activité des influenceurs devient plus mature et se structure avec un cadre réglementaire plus clair (grâce notamment à la loi de juin 2023) pour devenir un métier qui se formalise ». Le créateur interagit rarement en direct avec les marques via une messagerie privée. Bénédicte de Kersauson rappelle que « c'est tout un écosystème avec un ensemble de relations commerciales qui s'assainissent dans un cadre plus pérenne. C'est rassurant pour les marques de savoir que lorsqu'elles investissent, c'est du sérieux, avec des vrais professionnels. »

Pour Anne-Mareille Dubois, déléguée générale du Syndicat des Conseils en Relations Publics (SCRP), l'influenceur a un statut qui est aujourd'hui au carrefour de trois métiers :

1. L'influenceur a le statut de média : il peut être appréhendé comme une régie publicitaire qui donne de la visibilité auprès d'une cible donnée, et a ainsi une valeur ajoutée.
2. L'influenceur a le statut d'outil de relations publics dont le contenu contient des coups de cœur personnels, des informations/actualités, et des opinions, à partager en voulant recommander/conseiller.

3. L'influenceur a le statut de créateur publicitaire qui va créer et produire des contenus comme un créateur qui invente de nouvelles idées.

## FICHE PRATIQUE

### QUEL STATUT JURIDIQUE QUAND ON EST INFLUENCEUR ?

Plusieurs options sont possibles concernant le statut juridique de l'activité d'influence[2].

- Auto-entrepreneur : dans ce régime, les démarches de création sont simplifiées et les obligations comptables réduites. Ce statut présente un avantage en ce qui concerne la TVA : si le chiffre d'affaires est en dessous des seuils autorisés, il y a une franchise de TVA. Néanmoins, le statut d'autoentrepreneur impose un plafond de chiffre d'affaires. L'influenceur facture ses prestations et doit les déclarer auprès de l'Urssaf. Ce statut juridique est adapté aux influenceurs débutants ou aux influenceurs qui envisagent cette activité essentiellement pour compléter leurs revenus. Ils peuvent en effet être salariés d'une entreprise et, sur leur temps libre, réaliser des photos et vidéos pour le compte d'une marque. L'influenceur doit reporter ses revenus sur sa déclaration de revenus et il est imposé au barème progressif de l'impôt sur le revenu (IR).

- Entreprise Individuelle (EI) : ce statut permet de ne pas avoir de plafond de chiffre d'affaires et de bénéficier de charges professionnelles réelles déduites pour calculer le bénéfice imposable. Les dépenses professionnelles sont déductibles du résultat de l'entreprise.

- Société (SAS, SARL) : l'influenceur n'est responsable qu'à hauteur de ses apports. Ce choix peut être avantageux en ce qui concerne le taux d'imposition. Les démarches administratives sont plus lourdes (comptabilité et gestion), et les frais de création, d'expertise comptable et de gestion peuvent être élevés.

2. Raud P., « Quel statut juridique choisir en tant que créateur de contenu ? », *Qonto*, 13 février 2024.

**Bon à savoir :**

Dès lors qu'une marque, une entreprise ou une quelconque organisation paye un individu pour réaliser des contenus (photos, vidéos, posts sur les réseaux sociaux, etc.), celui-ci doit obligatoirement déclarer cette activité, et ce, dès le premier euro encaissé.

## Sa légitimité

Se sentir légitime est essentiel quand on est influenceur, pour avoir confiance lorsque l'on va prendre la parole sur les réseaux sociaux et partager ses opinions et recommandations. La légitimité repose notamment sur le fait d'avoir une autorité et expertise reconnue par un public. La question peut se poser de savoir ce qui permet à une personne d'être reconnue comme légitime à prendre la parole sur un sujet donné : quel niveau de connaissance est-il requis ? Quelle validation de son expertise ou certificat est-elle nécessaire ? Qui peut octroyer cette légitimité ?

Le fait de tester le produit apporte à l'influenceur une légitimité au discours car il sait de quoi il parle étant donné qu'il a pu expérimenter les bénéfices et limites du produit. Par ailleurs, il a une légitimité à prendre la parole sur les réseaux sociaux car il est dans son élément naturel.

Toutefois, afin de se sentir légitime à parler de certains thèmes ou donner des conseils, l'influenceur doit s'informer et développer une connaissance du sujet. En effet, si un individu rejoint une communauté sur un thème, c'est qu'il s'y intéresse et s'informe par ailleurs. Pour paraître crédible et apporter une plus-value, l'influenceur ne peut pas faire l'économie de se renseigner sur ce qui se dit et se fait sur son thème. De plus, pour être choisi par une marque dans la perspective d'une collaboration, l'influenceur doit aussi montrer qu'il a une certaine connaissance et reconnaissance sur la catégorie de produits ou services concernés.

Certains influenceurs se spécialisent sur des sujets « niche », sur lesquels ils sont reconnus et vont pouvoir fédérer une communauté de curieux ou passionnés. Nous pouvons illustrer cela avec les exemples de Mamadou Dembele et de Charles Sterlings qui ont chacun trouvé un thème de prédilection sur lequel ils sont devenus des experts appréciés.

Pour Mamadou Dembele, l'influenceur peut utiliser ses expériences et son expertise afin d'assurer sa légitimité : « Je suis diplômé de Dauphine en finance. J'ai travaillé dans un fonds d'investissement et donc je rencontrais des entrepreneurs. Je passais du temps sur les réseaux sociaux. J'avais repéré que les discours sur le climat étaient peu visibles et principalement très négatifs et pessimistes. Je voyais au quotidien qu'il y avait des initiatives et des solutions qui étaient proposées. J'ai décidé d'avoir un discours plus positif et de poster des vidéos sur le sujet, par passion et de façon très désintéressée. Cela a commencé comme un projet sur le côté. J'avais aussi un intérêt pour la vidéo. »

Au-delà de la connaissance d'un sujet, il s'agit aussi de développer une perspective originale et personnelle qui inspire une audience. Par exemple, Mcquarrie, Miller et Phillips développent dans leurs recherches[3] l'idée de l'effet « mégaphone » autour d'Internet : il s'agit du fait que le Web permet à des consommateurs ordinaires d'atteindre une audience de masse, sans avoir besoin d'une légitimation institutionnelle préalable (comme des diplômes, des métiers liés au domaine, ou des connexions sociales). Ainsi, les auteurs expliquent que « l'effet mégaphone correspond au fait qu'un petit nombre de personnes arrivent à capter l'attention de milliers d'internautes, simplement par la manière dont elles exercent et affichent leur "bon goût" ». Par exemple, dans le domaine de la mode, à force de poster régulièrement des photos de leurs tenues et d'exercer un jugement

3. McQuarrie E. F., Miller J., Phillips B. J., "The megaphone effect : Taste and Audience in Fashion Blogging", *Journal of consumer research*, vol. 40 (1), p. 136-158.

esthétique visible, des influenceurs « deviennent légitimes pour juger de ce qui est tendance et de bon goût ou pas, ce qui leur permet de gagner du capital social (participation à des événements de mode prestigieux, interactions avec des experts) ; recevoir des offres de collaborations avec des marques (contrats, publicité, produits offerts) ; et même, parfois, d'accéder à une reconnaissance professionnelle dans la mode. »

Pour Charles Sterlings, créateur de contenus spécialisé dans la finance, être à plein temps un créateur de contenu est une prise de risque car il faut réussir à développer sa communauté et asseoir sa légitimité. L'une des façons de gagner en légitimité est de publier du contenu fiable de façon répétée très régulièrement, comme l'explique Charles Sterlings : « J'ai choisi de privilégier la quantité au début : deux vidéos par jour en m'améliorant à chaque vidéo. Cela m'a permis de comprendre ce que mes abonnés attendaient (dans les commentaires les gens me disaient ce qui les intéressait ou pas). » Mais cela demande de trouver des idées de nouveaux sujets régulièrement : « Pour trouver mes sujets, je m'inspire de ce que je lis. Je consulte notamment Bloomberg. Au bout de 2 ans, j'ai diversifié mes plateformes et mes sujets pour augmenter mon audience et mes revenus. Au début sur la finance, maintenant j'aborde plus largement tout ce qui tourne autour de l'argent. ». Pour lui, la légitimité vient aussi de son originalité.

## AVIS D'EXPERT

**Charles Sterlings** | créateur de contenus spécialisés dans la finance (TikTok : 1,3 millions d'abonnés)

### Comment assurer sa légitimité ?

Mes points de différentiation pour assurer ma légitimité :

1. j'utilise des formats courts rapides à visionner ;
2. j'adopte un ton personnel et je renvoie une image de sérieux pour que les gens me reconnaissent et me fassent confiance ;
3. je passe du temps à regarder ce qui se fait ailleurs sur mes sujets. Par exemple, je me suis inspiré de ce qui se fait aux États-Unis pour expliquer de façon simple les sujets autour de l'argent.

Enfin, pour être légitimes, les influenceurs doivent être cohérents dans leur discours, non seulement en termes de continuité dans leur positionnement, mais aussi en termes de concordance entre les paroles et les actes, au risque sinon d'être perçus comme opportunistes. Selon Ogilvy Paris, « Être honnête et transparent dans ses contenus et ses partenariats permet de renforcer la confiance du public et de redéfinir les standards d'une influence plus responsable ». Par ailleurs, pour Ogilvy Paris, l'influenceur doit aussi adopter une certaine éthique dans l'image qu'il renvoie à sa communauté : « dans la foulée de sa campagne "Reverse Selfie" pour Dove sensibilisant aux ravages d'une beauté "instagrammée" sur l'estime de soi des adolescentes, Ogilvy a décidé depuis 2022 de ne plus travailler avec des influenceurs ayant recours à des logiciels de retouche ».

La façon d'aborder les collaborations avec les marques est un autre aspect important pour renforcer sa légitimité. Les influenceurs engagent leur réputation et leur crédibilité dans les contenus organiques mais aussi dans les contenus sponsorisés. Il leur faut donc réfléchir au choix de la marque et au type de collaboration qui vont permettre de renforcer leur légitimité. Par exemple, pour Kim Charlery, son partenariat avec l'Oréal renforce sa légitimité en tant qu'influenceur beauté car elle est soutenue par une marque reconnue pour son expertise. Pour assurer sa légitimité en tant qu'influenceur, au-delà de l'exigence liée au contenu, il est également essentiel de bien maîtriser son image. Il est donc nécessaire de contrôler son apparence et sa façon de s'exprimer en général.

En conclusion, créer un contenu pertinent et intéressant pour les internautes avec une ligne directrice qui le rend à la fois unique et fiable demande aux influenceurs un travail continu mais essentiel pour développer leur légitimité.

## Sa communauté

Nous avons souligné toute l'importance pour un influenceur de développer sa communauté afin que ses contenus soient consultés et appréciés et qu'il puisse intéresser des marques. Cependant, les influenceurs commencent généralement avec une petite communauté (sauf s'ils sont déjà des célébrités, mais c'est un cas à part) et doivent trouver les moyens de la faire grossir. S'ils renvoient parfois l'image d'une vie idéale où ils font peu d'efforts au quotidien et reçoivent de nombreux privilèges pour répéter des messages de marques[4], la réalité est plus contrastée.

Kim Charlery explique comment elle veut renforcer sa proximité avec ses abonnés : « Ma communauté me connaît et est attachée aussi à ma personnalité. Je me différencie par un style proche et une capacité à répondre rapidement aux questions. Je m'attache à l'humain : être présente, lire les commentaires, voir si des noms reviennent

4. Source : *Influenceurs : la crise de confiance ?*, Observatoire Cetelem, juin 2023.

souvent… Je regarde les profils des personnes qui me suivent : ceux qui étaient là depuis le début ; ceux qui regardent mes tutos car ils cherchent des astuces, conseils, inspiration pour un maquillage à la mode. » Kim Charlery indique également que certains de ses abonnées s'identifient à elle : « Je suis métisse aux cheveux bouclés et qui les lisse. Certains internautes vont s'identifier et me poser des questions personnelles sur leurs cheveux. » Elle souligne aussi l'importance de rester soi-même dans l'interaction : « Quand on se pose des questions et qu'on est intéressé, c'est bien de pouvoir rester aussi soi-même et de faire des choses qui nous plaisent. »

Thomas Acien ajoute quant à lui que la passion partagée avec sa communauté est un point clé : « Je partage une passion avec ma communauté : celle pour le club Real Madrid. Cela permet de fédérer, de me différencier et d'avoir un rendez-vous régulier pour donner envie aux gens de venir sur mes plateformes ». Il souligne aussi la nécessaire réactivité quand on se positionne sur des sujets en lien avec l'actualité : « il faut être hyperréactif sur l'actualité et je partage des informations tous les soirs », et le professionnalisme : « il faut avoir une façon assez professionnelle de tourner (image et son de qualité). Je regardais ce que je faisais les autres pour m'en inspirer : quel matériel ils utilisent, comment, etc. ». Enfin, l'écoute de sa communauté est clé : « tous les 3 jours je demande à la communauté de me poser des questions, j'en choisis 10 auxquelles je réponds. Cela permet de créer une proximité. Une fois par an je fais un bilan de saison et je montre le cap. »

Pour Mamadou Dembele, le développement de l'audience passe par la fréquence de publication des posts : « l'audience s'est développée au fur et à mesure et ça s'est accéléré quand j'ai commencé à publier régulièrement. Je postais beaucoup, au moins une vidéo par jour. C'est une succession de vidéos qui m'ont fait gagner des abonnés au fur et à mesure ». Les premières vidéos sont souvent peu visionnées, comme le rappelle Mamadou Dembele : « certaines vidéos n'apportaient qu'une dizaine d'abonnés et d'autres jusqu'à

300 nouveaux abonnés. » En général, les influenceurs attendent de voir si les audiences montent : « Quand ça a commencé à bien monter, j'ai été conforté dans le fait de continuer. J'ai alors arrêté mon job et je me suis consacré à l'influence ». Mamadou Dembele considère également que sa communauté le suit pour ses prises de position : « Je pense que les gens me suivent car j'ai une approche plus positive par rapport à ce qui se dit aujourd'hui sur les réseaux sociaux et dans l'actualité. Il y a un rejet des discours négatifs et anxiogènes. Du coup, j'ai un positionnement original avec un discours plus positif qui est porté sur les solutions : c'est ce qui plaît et qui ressort dans les commentaires et les retours que je reçois. »

## AVIS D'EXPERT

**Jean-Patrick Théveny** | directeur de TMT Consulting

**Point de vigilance : attention aux « faux abonnés »**

Certains influenceurs peuvent faire croître artificiellement leur nombre d'abonnés avec une technique de *follow/unfollow* ou *mass following*. Cela correspond au fait qu'un influenceur ayant beaucoup d'abonnés commence à suivre/aimer un post d'un influenceur ayant une petite communauté qui suit le plus gros influenceur en retour. Ce dernier aura gagné artificiellement un abonné, mais ce sera à sens unique. Au-delà des problèmes éthiques que ce genre de pratique peut poser, le souci est que l'audience du gros influenceur ne sera pas forcément engagée ni qualitative et donc peu intéressante au final pour une marque qui ne va pas atteindre les résultats attendus.

## Ses difficultés

L'activité d'influenceur est moins facile qu'il n'y paraît au premier abord. Tout va très vite sur les réseaux sociaux et il faut constamment se renouveler, avoir de nouvelles idées pour intéresser sa communauté, se différencier et s'assurer que ses posts sont mis en avant par les plateformes.

Pour Kim Charlery, l'une des difficultés est de rester toujours à la pointe de l'actualité sur ses thèmes et de faire des découvertes avant les autres : « En tant qu'influenceuse mode et produits de beauté, je dois tester régulièrement des produits, suivre les dernières tendances sur les plateformes et dans les magazines. J'ai un petit budget pour acheter des produits moi-même afin de tester des produits dont on parle souvent. » Par ailleurs, on ne peut pas juste suivre ce que font les autres et il faut aussi inventer par nous-mêmes des rituels beauté. Ainsi, afin de bien connaître les sujets sur lesquels il prend la parole pour être crédible, l'influenceur doit dédier des ressources en temps mais aussi parfois financières.

Mamadou Dembele souligne que devenir un créateur de contenu qui soit reconnu demande du temps, du talent et de la persévérance pour trouver ses sujets, s'informer, rédiger ou créer des visuels et vidéos, ainsi que pour partager son contenu très régulièrement en se renouvelant. La régularité des publications est essentielle pour fidéliser sa communauté avec des actualités fréquentes qui justifient un suivi fréquent d'un influenceur. La fréquence de post joue aussi sur les algorithmes qui donnent la priorité aux comptes actifs et favorisent la mise en avant des contenus postés par des influenceurs réguliers. Il faut cependant viser un juste milieu dans la fréquence des publications : « poster trop peu conduit à perdre en visibilité au risque d'être oublié ; poster trop souvent conduit à devenir envahissant et à risquer de voir son compte bloqué par un internaute. »

Une autre difficulté très largement ressentie parmi les influenceurs est celle de la préservation de sa vie privée, comme le rappelle Kim Charlery : « Une difficulté vient de la porosité entre la vie personnelle et la vie professionnelle. Les influenceurs ont la possibilité de filmer toute leur vie et doivent se forcer à décrocher et à arrêter. Je partage mon quotidien, je montre comment est mon intérieur… »

Il est en effet parfois compliqué de savoir à quel moment il faut se mettre une limite : « Avant, je vivais trop ma vie à travers mes réseaux sociaux et je ne vivais plus les choses pour de vrai. » Contre ce risque, Kim Charlery indique avoir pris la décision de se couper des réseaux de temps en temps : « Pour mon anniversaire, je vais poster un message deux jours avant sur mes réseaux, mais le vrai jour de mon anniversaire, je fête avec mes copines et je ne partage rien. » Enfin, elle précise qu'elle ressent une forte responsabilité envers sa communauté : « Il y a de très jeunes personnes qui nous suivent et nous font confiance. Cela crée une responsabilité car on ne veut pas dire n'importe quoi. »

D'après l'étude Creator Burnout 2024 du groupe Awin, réalisée auprès de créateurs de contenu et influenceurs en Allemagne, France, Grande-Bretagne et aux États-Unis, nombreux sont les créateurs de contenu à avoir « déjà ressenti des symptômes de burnout ou d'épuisement professionnel[5] ». Les cas d'épuisement mental d'influenceurs se développent « poussant certaines plateformes à proposer des outils de protection ». YouTube a enrichi son Centre de sécurité, Instagram a publié un guide « bien-être », et Pinterest s'est associé à l'application Headspace[6].

Les chercheurs en sciences sociales, Gretzel et Schöllhammer, lors d'une conférence donnée en 2024, soulignent la vulnérabilité des influenceurs en observant que « si l'on reconnaît de plus en plus leur valeur aux influenceurs en tant que communicateurs, on ne voit pas toujours leur activité sur les réseaux sociaux comme un véritable travail[7] ». Pourtant, la professionnalisation s'accompagne de nom-

5. Source : Creator Burnot 2024 – Awin.

6. Le partenariat mondial entre Pinterest et Headspace « offre toute une palette d'outils pour gérer le stress, positiver, mieux dormir et bien plus. Ce partenariat invite des centaines de milliers de créateurs éligibles à bénéficier d'un abonnement gratuit de 6 mois à Headspace dans 20 pays. » – *Pinterest Newsroom*, octobre 2022.

7. Gretzel U., Schöllhammer T., *Under Pressure: A Netnographic Study of Threats to Influencer and Creator Mental Health*, HICSS, janvier 2024.

breuses vulnérabilités, exacerbées par la dépendance aux plateformes et à leurs logiques algorithmiques. « Les créateurs évoluent dans un écosystème complexe et instable, dominé par des dynamiques commerciales, technologiques et sociales. Leur travail repose sur l'attraction d'audiences exigeantes et le maintien d'une présence constante. Cette pression est amplifiée par une armée d'intermédiaires (agences, outils, plateformes) qui professionnalisent l'écosystème sans toujours réduire la précarité des créateurs ».

Gretzel et Schöllhammer ont listé les difficultés principales rencontrées par les influenceurs et recueilli des témoignages qui illustrent les pressions ressenties. Ils démontrent notamment que le travail de visibilité implique un investissement émotionnel important : construire une image cohérente, interagir avec l'audience, s'adapter aux tendances et aux exigences des marques. Les témoignages révèlent un mal-être profond : stress, surcharge mentale, démotivation. Une influenceuse confie que « le manque d'interaction avec le public [la] stresse ». Une autre évoque une spirale d'épuisement : « J'ai accepté trop de travail. J'étais frustrée, démoralisée. »

La pression algorithmique est omniprésente : comprendre les règles, éviter la censure, rester visible. De nombreux influenceurs parlent de la nécessité de créer du contenu 24 h/24, de l'importance excessive accordée aux métriques et de la crainte des sanctions algorithmiques (ne plus être visible notamment) s'ils prennent une pause : « Ces plateformes veulent que vous créiez du contenu en continu pour garder l'attention de l'audience. » Ils se plaignent également du grand nombre de messages directs, de commentaires et de divers formats de contenu auxquels ils doivent répondre. Les créateurs décrivent ce travail comme éreintant et parfois démotivant : « Quand votre vidéo est classée 10e sur 10, c'est le coup de massue. »

En lien avec le travail algorithmique, les influenceurs doivent anticiper la censure des plateformes et ajuster leur contenu en conséquence, ce qui menace leur liberté créative et les pousse à une autocensure importante.

Outre les plateformes, les autres influenceurs constituent une source de stress. Ils ressentent une concurrence féroce et sont dans la comparaison constante « Comment les autres font-ils pour toujours être parfaits ? », se demande une créatrice.

Les partenaires commerciaux ajoutent une pression supplémentaire : volume de contenu, multiplateformes, négociations déséquilibrées, en particulier pour les femmes. « J'en ai assez de mettre tout mon cœur et mon âme dans cette application tous les jours, pour ensuite voir des partenaires potentiels me dire qu'ils ne veulent pas me rémunérer à ma juste valeur parce que je n'ai pas assez de portée pour eux… ».

Les audiences exigent accessibilité, perfection et proximité, tout en étant parfois critiques ou intrusives. « Quand des milliers de personnes vous donnent des conseils pour améliorer votre vie, cela vous met déjà sous une pression énorme. » Le sentiment de déshumanisation revient souvent : « On attend de moi que je reste toujours cette version de moi-même. ». Par ailleurs, les attentes sociales nourrissent des clichés persistants : « Ce n'est pas un vrai travail. » ; « Si tu as une vie Instagram parfaite, tu ne peux pas aller mal. » ; « Beaucoup de gens pensent que les influenceurs ne font pas grand-chose parce qu'ils ne voient que le produit fini : la vidéo, l'histoire Instagram ou la photo. Mais ils ne voient pas tout le travail qu'il y a derrière. »

Les influenceurs ressentent une forte pression pour assurer leur visibilité qui les pousse constamment à chercher comment se démarquer des autres.

## TÉMOIGNAGE

**Christophe Maussin** | créateur de contenus et fondateur de @CMFootball (YouTube : 140 000 abonnés/Facebook : 74 000 abonnés/TikTok : 41 000 abonnés)

### Savoir attirer des marques

On est en concurrence avec d'autres créateurs de contenu pour attirer les marques et avoir une communauté large et engagée. Il faut démontrer son professionnalisme, éditorialement et commercialement. On propose aux marques de s'associer avec une agilité en fonction de la cible et du type de prise de parole qui les intéressent. La première marque qui a accepté de collaborer est seulement arrivée quand j'ai atteint 30 000 abonnés.

Pour Bénédicte de Kersauson, déléguée générale de l'Umicc, les influenceurs s'organisent pour se préserver et protéger leur activité. De nombreux influenceurs font maintenant partie d'une union. Comme le souligne Bénédicte de Kersauson, « L'Umicc était une initiative portée au départ par 6 grosses agences d'influence qui représentaient chacune entre 50 et 100 influenceurs. Au départ il y avait peu d'influenceurs dans l'union – seulement une quinzaine de créateurs indépendants. Aujourd'hui, il y a environ 70 créateurs de contenu indépendants (c'est-à-dire qu'ils ne sont pas représentés par des agents) et qui sont membres de l'Umicc. » Les investissements des marques dans l'influence se développent rapidement, même pour des produits et services sur des sujets niche ou qui paraissent loin de l'influence, ou encore pour des startups qui peuvent trouver leurs premiers clients grâce aux réseaux d'un influenceur.

## *L'ESSENTIEL*

- Le métier d'influenceur est au carrefour de plusieurs rôles autour de la communication.
- Une rigueur et un investissement personnel sont incontournables pour assurer la gestion de ses projets, sa stratégie de contenu, une veille permanente et une conformité légale.
- Pour renforcer sa légitimité, l'influenceur développe ses connaissances sur les sujets qu'il aborde ainsi que son expertise technique des outils et algorithmes. Il peut aussi s'améliorer en continu avec les retours des internautes et les collaborations avec les marques.
- L'activité d'influenceur est exigeante et peut être une source de stress et de mal-être.
- Le statut d'influenceur est encore jeune mais de nombreux acteurs lancent des initiatives pour s'organiser, notamment via un syndicat.

# Chapitre 3
# L'activité d'influenceur

## *Executive summary*

- **L'activité** d'un influenceur peut être appréhendée comme un projet entrepreneurial avec une stratégie de développement de son activité à court et moyen terme.
- **Les agents d'influenceurs** et les agences de communication peuvent avoir un rôle de conseil et de valorisation des influenceurs.
- **L'influenceur** doit aussi envisager un plan de carrière et la diversification de ses activités.

## Sa stratégie financière

D'après les statistiques présentées par l'agence Reech, « le revenu annuel moyen réel des créateurs de contenu est inférieur à 10 000 euros et le revenu médian se situe à 1 600 euros, en raison de la forte proportion de créateurs ne dégageant pas ou peu de revenus de leur activité. Seulement 6 % des influenceurs déclarent gagner plus de 50 000 euros par an[1] ».

### Précarité du statut d'influenceur

Selon Bénédicte de Kersauson, déléguée générale de l'Umicc, une très grande partie des influenceurs ont des revenus faibles et très aléatoires. L'Umicc estime une moyenne de revenus à 5 000 euros par an. Les créateurs dont on parle beaucoup et qui peuvent en vivre bien représentent moins d'un quart des influenceurs. Dès lors, il est essentiel pour un influenceur de diversifier ses sources de revenus. Il ne faut pas que le modèle économique dépende trop des marques pour maintenir son activité. Bénédicte de Kersauson souligne que « l'une des raisons de la dépendance est la faible rémunération proposée par les plateformes qui monétisent peu les contenus et mettent des contraintes fortes d'accès au paiement (par exemple un nombre de vues minimales). Il faut préserver l'indépendance des créateurs pour maintenir l'authenticité qu'ils ont vis-à-vis de leur audience, dans une perspective professionnelle pérenne avec un parcours d'entrepreneur. »

Pour Marion Min, directrice d'une agence de communication très active sur le domaine de l'influence, il est essentiel que les marques acceptent de rémunérer correctement les créateurs de contenu, et de façon transparente, pour assurer une relation de confiance entre les parties prenantes.

1. Source : Marketing d'influence : étude Reech 2025 – 9e éd.

## AVIS D'EXPERTE

**Marion Min** | directrice générale et associée de l'agence LEADIST

### Assurer une rémunération juste et transparente aux influenceurs

L'agence ne demande jamais du contenu gratuit aux influenceurs et est très transparente sur ses marges (le créateur reçoit x % du budget). Il peut y avoir des « Boost : c'est-à-dire que la marque peut acheter les droits sur les contenus aux influenceurs pour pouvoir faire de l'amplification. Dans ce cas, cela doit être prévu au début du lancement de la campagne publicitaire. Cela permettra d'aller au-delà de la communauté organique auprès des personnes qui suivent l'influenceur car la marque pourra diffuser le contenu à une audience plus large. On donne une estimation, xx % environ du budget de la campagne en plus, pour acheter les droits à l'image des influenceurs sur leurs meilleurs contenus pour environ 3 mois. Ainsi, par exemple, la marque peut utiliser le contenu produit par et avec l'influenceur pour en faire une vidéo sponsorisée sur son propre site Internet. Cela permet de développer les revenus de l'influenceur par rapport à la seule promotion de la marque sur son espace personnel d'influence.

Selon Marion Min, il faut toujours que l'amplification soit limitée dans le temps et dans un cadre géographique précis pour protéger les droits de l'influenceur.

Charles Sterlings affirme quant à lui qu'avec la professionnalisation de l'activité d'influenceur, les coûts augmentent et les besoins de pérenniser ses sources de revenus sont plus pressants.

## TÉMOIGNAGE

**Charles Sterlings** | créateur de contenus spécialisés dans la finance (TikTok : 1,3 millions d'abonnés)

### Les sources de revenus et les partenariats

Pendant des années, je n'ai eu aucun coût car je tournais mes vidéos sur mon téléphone. Les vues ne sont pas rémunérées sur TikTok si les vidéos font moins d'une minute ; je fais plutôt des vidéos de 30 secondes. Maintenant que je suis en agence, je n'ai plus à chercher des partenaires et je ne prends que des produits qui m'intéressent. Les marques sont d'accord pour que je choisisse des produits. Après, quand on est sur des produits financiers, les messages sont très codifiés et les mentions légales vérifiées par des organismes de compliance. J'envoie un script à une marque partenaire qui le fait relire en interne, puis je reçois des remarques pour finaliser ma vidéo que je renvoie encore pour validation. Les banques font beaucoup plus de vérifications que d'autres secteurs.

Thomas Acien souligne quant à lui combien son métier d'influenceur lui semble précaire et difficile à pérenniser. « Il faut oser aller chercher des marques qui peuvent être intéressées par nos sujets. Il faut aussi être sélectif et refuser, par exemple, des sponsors de marques non éthiques ou qui ne sont pas en lien avec nos sujets, au risque de perdre la confiance des gens qui nous suivent. » Il indique contacter des marques en donnant le nombre de vues de ses vidéos mais explique que cette démarche demande du courage pour oser aller démarcher des sponsors : « Généralement, on commence avec des contrats sur quelques vidéos voire un trimestre. Si ça marche bien, la marque peut s'engager sur un temps plus long. Cela dépend du nombre d'abonnés/vues que l'on fait. C'est environ 20 euros du coût par mille impressions[2] (CPM). Environ 1 000 euros pour une vidéo aujourd'hui. »

2. Coût par mille impressions (CPM) : « mode d'achat d'espace publicitaire sur Internet selon lequel l'annonceur paie pour chaque tranche de 1 000 impressions publicitaires », *Mercator*, 13e éd., Dunod, 2021.

Thomas Acien souligne par ailleurs la difficulté à établir sa grille tarifaire : « On ne sait pas trop ce que l'on vaut dans ce métier. C'est en parlant avec les autres influenceurs que l'on peut faire des grilles. » Ainsi, Thomas Acien considère que beaucoup de créateurs ne savent pas bien se vendre ni combien demander aux marques, et ils préfèrent donc passer par une agence. Thomas Acien suit régulièrement les performances de ses vidéos : « On a chaque jour un tableau de bord YouTube et, pour toutes mes vidéos, j'obtiens un rapport sur le profil des internautes qui ont regardé ma vidéo et sur ce qu'elle m'a rapporté. La partie placement produit, c'est une autre ligne de rémunération. Je peux présenter par exemple une application sur le football à l'intérieur de ma vidéo. »

Enfin, Thomas Acien indique vouloir éviter dans sa stratégie financière les liens d'affiliation : « Aujourd'hui, je fais peu de liens d'affiliation car je pars du principe que si la marque est sponsorisée dans ma vidéo, alors elle doit me rémunérer (fixe + variable par rapport aux résultats). Si la marque ne me paye que pour la partie conversion, alors elle ne prend aucun risque. De mon côté, je fais un travail et je prends un risque vis-à-vis de ma communauté. Donc je ne suis pas d'accord si la marque ne me paye qu'en cas de vente. »

**Astuce : Trouver des moyens pour réduire le côté aléatoire des revenus en diversifiant ses sources.**

Kim Charlery met en avant l'importance d'assurer plusieurs sources de revenus pérennes qui apportent de la sérénité et une plus grande liberté dans le choix de collaborations. En tant que créateur de contenus, quand le partenariat avec les marques est la seule source de revenu, on peut avoir tendance à accepter trop de collaborations et à se sentir moins libre.

## Comment diversifier ses sources de revenus ?

Kim Charlery insiste sur le sentiment de liberté que lui procure le fait d'avoir un contrat long terme avec une marque : « Pour garder ma liberté, je travaille chez l'Oréal en interne 3 jours par semaine. J'aide à former les conseillères de vente à tout ce qui relève de la technique d'application produit, des tendances maquillage, des produits qui font le buzz et je m'occupe d'une chaîne TikTok et Instagram (je fais le film, le montage, les vidéos, les posts). Je produis du contenu éducatif : il y a plusieurs milliers de conseillers de vente l'Oréal qui me suivent et que je forme comme ça. Ainsi, je peux dire "non" si jamais une collaboration avec une autre marque ne m'intéresse pas ou que le brief est trop fermé, alors que j'aime créer. »

Pour Thomas Acien, la diversification des sources de revenus est essentielle pour limiter la précarité liée aux aléas des collaborations avec des marques « Notre métier est précaire car il est difficile de pérenniser l'activité. Il faut donc diversifier ses sources de revenus et chercher à limiter ses risques ». Thomas Acien nous détaille ses autres sources de rémunérations :

- Les plateformes : « Sur TikTok, une capsule de 1 à 2 min où je raconte une actualité sur le foot peut être rémunérée par la plateforme », tandis que « sur Instagram : c'est plus de la vitrine pour moi car j'ai peu de placements de produits sur Instagram aujourd'hui ».
- Les cessions de droits d'auteur à une marque : « Pour une marque de jeu vidéo de football, j'ai fait une vidéo avec un speech (explication en 1 min) et j'ai cédé mes droits d'image pour un certain montant. »
- La marque blanche[3] : « J'ai réalisé une vidéo pour une agence et on a apporté notre savoir-faire pour créer des capsules vidéo que la marque a pu mettre sur ses réseaux. On n'en a pas parlé sur nos réseaux propres. »
- La gestion des droits d'auteur via la Société civile des auteurs multimédia (Scam) : « Quand Meta/Google utilise votre image, vous avez des droits d'auteur. »
- Le podcast : « Les publicités qui apparaissent avant ou après le podcast peuvent rapporter un revenu. »

3. N.D.A. : Travailler en marque blanche correspond au fait de se faire payer pour créer du contenu pour la marque sans que votre nom n'apparaisse.

Selon le site Les Makers[4], la rémunération proposée par TikTok pour une vidéo :

- est soumise à des conditions strictes (avoir plus de 10 000 abonnés, avoir réalisé 100 000 vues dans les trente derniers jours et produire une vidéo d'au moins 60 secondes) ;
- reste faible (TikTok indique que les créateurs peuvent gagner jusqu'à 1 euro pour 1 000 vues sur l'application mais est souvent entre 0,4 et 0,5 euro pour 1 000 vues).

## Équilibre entre contenu sponsorisé et non sponsorisé

Les influenceurs ont besoin de réaliser des partenariats pour pouvoir vivre de leur activité, car la rémunération des plateformes est souvent faible. Toutefois, un influenceur doit réfléchir à ce qu'il veut dire à sa communauté (actuelle ou future), pourquoi et comment. Il s'agit d'abord de partager du contenu pertinent, utile et intéressant pour être suivi par une communauté grandissante. C'est une fois que l'influenceur a bâti une communauté d'abonnés qui trouvent un intérêt à lire ses posts, regarder ses vidéos ou écouter ses podcasts que celui-ci peut développer son audience, faire croître une communauté engagée et par là, éventuellement, intéresser une marque pour une collaboration. Afin d'attirer des marques qui apporteront une source de financement, l'influenceur doit en effet démontrer qu'il a une communauté qui le suit et qu'il peut apporter une valeur ajoutée dans la façon de communiquer autour de la marque.

Les marques observent les contenus et performances des publications commerciales mais aussi non commerciales d'un influenceur.

4. Georges Q., « Rémunération TikTok : Tout ce que Tu Dois Savoir 2025 », *Les Makers*, 19 décembre 2023.

## AVIS D'EXPERTE

**Juliette De Fenoyl** | Talent manager et cheffe de projets pour l'agence BTS

### La fréquence des contenus

Il faut que le Talent[5] poste tous les jours dans l'idéal. S'il ne poste pas durant 15 jours, ça affecte énormément ses statistiques. L'utilisation stratégique des temps forts du calendrier pour créer du contenu pertinent est indispensable, tout en veillant à ne pas transformer les influenceurs en simples panneaux publicitaires. Il est essentiel de maintenir un équilibre entre le contenu sponsorisé et le contenu organique en limitant les collaborations (environ deux par semaine) pour préserver l'engagement de la communauté.

Selon Anne-Mareille Dubois, déléguée générale du Syndicat des Conseils en Relations Publics (SCRP), « les influenceurs partagent aussi leur vision personnelle et ne sont pas des panneaux publicitaires. Il serait réducteur de considérer que, dès que les influenceurs parlent d'une marque, le contenu est automatiquement commercial. En effet, les influenceurs partagent aussi beaucoup d'informations ou d'opinions personnelles sans contrepartie. »

Il est par ailleurs crucial pour l'influenceur de trouver un juste équilibre entre le fait d'avoir des sources de financement pour assurer la viabilité de son activité et le fait qu'il ne doit pas avoir d'orientation commerciale. En effet, un influenceur qui ne ferait que produire et/ou diffuser du contenu sponsorisé sur sa plateforme risquerait de ne pas tenir longtemps pour plusieurs raisons.

– Un influenceur qui prendrait la parole uniquement pour promouvoir un produit ou une marque aura du mal à se créer une communauté. En effet, on peut aisément douter de l'intérêt de

5. N.D.A. : « Talent », se dit d'un influenceur et créateur de contenu.

visionner des publicités à longueur de journée, toutes produites et diffusées par la même personne sur des marques et produits différents.

– Cet influenceur risquerait de devenir interchangeable s'il agit seulement comme diffuseur de messages publicitaires. Cela ne serait pas motivant pour l'influenceur et peu attrayant pour l'audience potentielle qui ne verrait plus la différence entre deux influenceurs, à part le type de marque ou produit qu'il promeut.

### Temps et investissement : l'inévitable collaboration

Cependant, il est aussi important de comprendre que la dimension commerciale de l'influence est une composante incontournable pour un influenceur qui souhaite en faire son activité principale. Il semble peu réaliste qu'un influenceur puisse se passer complètement d'une partie commerciale à partir du moment où son activité d'influence lui prend une partie importante de son temps. Ce point est fondamental car il est souvent reproché aux influenceurs de manquer d'indépendance et de collaborer avec des marques en échange de bénéfices personnels.

Pour certains, les messages concernant un produit ou un service sont considérés comme biaisés si les influenceurs sont rémunérés pour en parler. Avant de faire ce reproche aux influenceurs, on peut s'interroger sur le statut de l'influenceur : est-ce un bénévole postant pour le plaisir ou bien un professionnel qui fait de l'influence son métier ? Si l'influenceur est un professionnel qui partage régulièrement des contenus, cela lui demande du temps pour créer et produire des textes, photos et vidéos de qualité. Si certains influenceurs arrivent encore à produire avec « les moyens du bord » (à l'aide de leur téléphone portable dans leur chambre), de plus en plus d'influenceurs se professionnalisent et cherchent à proposer des contenus de qualité qui demandent non seulement du temps, de l'expertise, mais aussi parfois des moyens financiers pour s'équiper ou des studios de création.

Par exemple, un influenceur de voyages qui partage régulièrement ses expériences doit tout d'abord trouver le temps et les ressources financières pour voyager et filmer ses aventures, avant même de trouver le matériel pour faire des montages vidéo intéressants puis de les partager avec sa communauté. Il lui faut aussi du temps pour préparer ses sujets, échanger avec son audience et analyser les résultats de ses publications.

Dès lors, si l'influenceur souhaite faire de son activité d'influence un emploi à temps plein, il doit réfléchir aux différentes sources de revenus qu'il peut avoir. Un des moyens de financer l'activité est de collaborer avec des marques (nous reviendrons ultérieurement sur les différentes formes de collaboration) avec une contrepartie financière. Les influenceurs peuvent aussi étudier d'autres options de financement de leur activité comme des systèmes d'abonnements par l'audience. En effet, certains internautes acceptent d'apporter un soutien financier à des influenceurs qu'ils suivent dans l'objectif de soutenir l'activité et de renforcer la relation. Certains influenceurs proposent aussi des formations payantes. Cependant, ces financements restent difficiles à développer et ne sont parfois pas suffisamment rémunérateurs pour permettre d'assurer un salaire.

Ainsi, la question n'est pas tant « si » un influenceur doit collaborer avec des marques, mais plutôt « quand » et « comment ».

## Sa stratégie de visibilité

Les influenceurs ont besoin de s'assurer que les contenus qu'ils postent sont diffusés largement et qu'ils attirent de nouveaux abonnés sur leur plateforme. Par ailleurs, les partenariats avec des marques reconnues procurent également de la reconnaissance et de la notoriété sur les réseaux sociaux.

Par exemple, Kim Charlery explique comment ses premières collaborations lui ont permis d'être repérée par d'autres marques : « Ma toute première collaboration était avec la marque Le Petit Lunetier sous la forme de cadeau pour que je parle du produit. Ensuite, d'autres marques m'ont repérée en voyant mes collaborations. J'ai mis mon adresse e-mail sur mon profil et les marques m'envoyaient des e-mails directement. Petit à petit, les marques ont voulu travailler sur le long terme et je pouvais davantage négocier. »

Kim Charlery s'efforce de fidéliser sa communauté actuelle pour que les abonnés continuent de la suivre.

## TÉMOIGNAGE

**Kim Charlery** | créatrice de contenus (TikTok : 74 000 abonnés/Instagram : 11 000 abonnés)

### Être proche de sa communauté

Je partage vraiment qui je suis, mon quotidien. J'essaie d'avoir un fil rouge avec des thèmes pour attirer une communauté de personnes intéressées. Quand on a une communauté qui nous ressemble, on peut être naturel. J'essaie de donner des conseils, des avis et d'inspirer pour attirer la communauté qui me correspond. En Story, on peut faire des sondages. Je réponds beaucoup aux questions et je peux faire des tutos à partir des questions de la communauté. C'est un juste milieu afin de ne pas créer seulement pour ses abonnés. Il y a un lien d'attachement avec une communauté solide qui permet de proposer des contenus un peu différents.

Pour Christophe Maussin, le plus difficile est la phase de lancement de l'activité d'influenceur, lorsqu'il s'agit d'émerger dans un environnement où de nombreux influenceurs sont présents et où les consommateurs sont déjà saturés de vidéos et textes variés. Christophe Maussin considère qu'il faut d'abord trouver un sujet « niche » original et sur lequel on se positionne comme expert : « Au sein des créateurs de contenu, je me suis d'abord positionné sur le divertissement (où les créateurs populaires font beaucoup d'audience), puis dans le sport, et spécifiquement l'Olympique de Marseille... ça devient très niche. Il faut trouver une vraie authenticité et une signature pour embarquer son audience. Ensuite, pour se faire connaître, il faut publier de façon très fréquente sur son sujet. » Christophe Maussin a ainsi produit une très grande quantité de contenu quand il s'est lancé : « En 2 ans, j'ai posté 500 vidéos en couvrant absolument toutes les actualités du football avec une analyse personnalisée des matchs postée tous les deux jours sur mon compte ». Par ailleurs, il souligne la nécessité de développer sa visibilité auprès des marques tout en veillant à sélectionner des partenaires crédibles et respectueux de la réglementation pour ne pas ternir son image.

**Exemple : Les influenceurs et les calendriers de l'Avent**

Les calendriers de l'Avent connaissent un énorme succès sur les réseaux sociaux, notamment grâce aux vidéos *unboxing* où des influenceurs ouvrent tous les contenus d'un coup, au lieu de respecter les 24 jours traditionnels. Cette pratique transforme une activité festive en un outil marketing puissant avec des vidéos qui attirent par leur effet de surprise et leur côté ludique, séduisant un public large.

1. Un levier marketing : les marques exploitent cette tendance pour promouvoir une variété de produits (cosmétiques, chocolats, jouets, etc.). Les calendriers de l'Avent deviennent un outil promotionnel immersif, générant des revenus considérables et une grande visibilité.
2. Un facteur d'engagement : l'attente des 24 surprises crée un engagement durable avec le produit. Les vidéos d'*unboxing* atteignent souvent des millions de vues. Elles répondent à une quête d'expériences visuelles et immersives.
3. Critiques et préoccupations environnementales : cette tendance soulève des questions sur la surconsommation. Des critiques pointent du doigt l'impact environnemental lié à l'excès d'emballages et certains déplorent que cette commercialisation éloigne les calendriers de leur essence religieuse, festive et traditionnelle.

## Son accompagnement par un agent

Les influenceurs peuvent se faire accompagner par des agents pour les aider notamment à être repérés par des marques et à négocier leurs contrats de partenariat. En ce qui concerne les agents d'influenceurs, la loi du 9 juin 2023 précise que « l'activité d'agent d'influenceur consiste à représenter, à titre onéreux, les personnes physiques ou morales exerçant l'activité d'influence commerciale par voie électronique définie à l'article 1er et, le cas échéant, leurs mandataires, dans le but de promouvoir, à titre onéreux, des biens, des services ou une cause quelconque[6]. »

Selon Emilie Le Guiniec, l'agent a trois rôles clés auprès d'un influenceur.

1. Rôle sur le volet financier : aider l'influenceur à diversifier ses sources de revenus n'est pas simple car cela demande beaucoup de temps.
2. Rôle sur le volet image : aider à la créativité des contenus, faire de la veille pour avoir des idées/être inspiré.
3. Rôle sur le volet des relations publics : aider à élargir ses réseaux et à participer à des événements exceptionnels afin de muscler la profondeur des messages.

Sur la partie financière, l'influenceur peut développer une activité de conseil auprès des marques ou des agences (sur du contenu éditorial ou des stratégies de communication), de photographie, de collection de vêtements, etc. Le créateur peut écrire un livre ou bien ouvrir une maison d'hôte par exemple. Aussi, les influenceurs ne doivent pas lâcher ce qu'ils ont construit en termes d'image et de communauté et qui représente des années de travail. Il ne s'agit pas de créer simplement un média et ne plus s'en occuper.

6. « LOI n° 2023-451 du 9 juin 2023 visant à encadrer l'influence commerciale et à lutter contre les dérives des influenceurs sur les réseaux sociaux », *Journal officiel*, n° 0133, 10 juin 2023.

Mamadou Dembele apprécie le soutien d'un agent qui fait le lien avec les marques : « Je travaille avec l'agence Quarks qui me représente et est en contact avec 100 % des marques qui me contactent. Ma ligne éditoriale est axée sur l'environnement et le social donc je sélectionne des marques alignées et qui ne font pas du « greenwashing[7] » (je me renseigne sur la marque, pose des questions). » L'agent peut aussi l'aider à faire de la création de contenu une activité à temps plein en développant son média, comme le confirme Mamadou Dembele : « Je veux faire de The Impact Story un média digital présent sur les réseaux sociaux autour de 3 axes :

1. Stories : aujourd'hui, je développe des vidéos sous forme de récits courts.
2. Podcasts : interviews de personnalités (entrepreneurs, sportifs, etc.) qui ont un impact positif sur le climat.
3. Chaîne YouTube avec du format long (10 à 15 min). »

Selon Raphaël Demnard de l'agence Webedia, l'accompagnement peut aller au-delà du Talent management avec « le soutien au développement de projets audiovisuels de plus en plus ambitieux et de passerelles avec des médias dits traditionnels comme la télévision, le cinéma ou encore les podcasts, ou totalement novateurs comme le métavers ou les serveurs de jeux vidéo ». Par exemple, Raphaël Demnard mentionne que l'agence « a accompagné Inoxtag sur son Manga et sa collection avec Celio ».

7. Selon l'Agence de la transition écologique (Ademe), le *greenwashing* « qualifie toute allégation pouvant induire le public en erreur sur la qualité écologique réelle d'un produit ou d'un service ou sur la réalité de la démarche développement durable d'une organisation ».

## AVIS D'EXPERTE

**Marion Min** | directrice générale et associée de l'agence LEADIST

### Se faire accompagner : l'agence LEADIST

Une agence comme LEADIST gère et accompagne des profils d'influenceurs très différents. Par exemple :

- une femme de plus de 50 ans qui possède une audience de femmes entrepreneurs ;
- une personne en couple de 30 ans ;
- Maïté Meuse qui a monté un mouvement *#Balancetonbar* et a eu de nombreux prix ;
- une mère de famille qui fait beaucoup de voyages (communauté francophone et néerlandophone), etc.

Marion Min incite les influenceurs à ne pas accepter des collaborations gratuites, ce qui n'est pas normal au regard des efforts et de la qualité du travail fourni, sauf si elles font l'objet d'une très grosse dotation (type voyage).

L'agence LEADIST aide les influenceurs à gérer les relations avec les marques par la valorisation de leur profil, la négociation des contrats et le suivi des paiements. L'objectif est de les alléger sur la partie commerciale pour qu'ils se concentrent sur la créativité

La plupart des créateurs ont une activité en plus à côté, c'est pourquoi l'agence LEADIST aide les influenceurs à se placer auprès de marques. L'agence fait de la prospection commerciale, en lien avec leur contenu ou leur actualité, et demande à chaque influenceur quelles sont les marques avec lesquelles il aimerait collaborer.

L'agence est souvent payée au "success fees" (commissions de succès). Elle a donc intérêt à ce qu'un maximum de collaborations soient réalisées de façon satisfaisante.

Marion Min considère ainsi que si les influenceurs souhaitent avoir un agent, c'est pour être aidé et conseillé dans les démarches envers les marques.

Juliette De Fenoyl de l'agence BTS souligne quant à elle l'importance de conseiller les influenceurs, notamment pour qu'ils évitent de saturer leurs abonnés : « Quand on a plusieurs collaborations sur un mois, on essaye de les espacer au maximum. Si on a une collaboration durant les temps forts c'est mieux, mais on va aussi créer du contenu organique pour faire vivre le compte. » Le repérage de nouveaux talents peut se faire sur les réseaux sociaux, via des recommandations des influenceurs déjà dans l'agence ou au fil des rencontres lors d'événements. Juliette De Fenoyl souligne par ailleurs l'importance d'adopter une déontologie claire en tant qu'agent et « ne pas démarcher des influenceurs déjà représentés par d'autres agences ». Elle rappelle également le rôle de l'agent en termes de veille concurrentielle sur ce qui se fait dans l'influence sans pour autant chercher à copier, ce qui est contre-productif car « les gens le voient et cela crée de mauvaises relations sur les réseaux ».

## AVIS D'EXPERTE

**Bénédicte de Kersauson** | déléguée générale de l'Union des métiers de l'influence et des créateurs de contenu (Umicc)

### Signature d'un contrat : le rôle de l'agence

L'un des rôles de l'Umicc est d'alerter sur la vigilance à adopter lors de la signature d'un contrat entre un influenceur et une marque. Il convient de détailler toutes les clauses (pour éviter une requalification en mannequinat par exemple), mais également d'assurer un respect mutuel et d'éviter que certaines marques demandent des cessions de droits de façon abusive aux créateurs. Pour ce faire, l'Umicc propose des modèles de contrat différents dans lesquels figurent des clauses qui protègent les droits d'auteur du créateur.

Un agent d'influenceur peut jouer un rôle clé d'intermédiaire, à la manière d'un imprésario qui accompagne sur toute la durée d'une carrière et protège le créateur de contenu. Il permet de promouvoir mais aussi protéger, accompagner, éveiller l'influenceur à ses droits et devoirs.

Les agences d'influence ont quant à elles un rôle de relais entre les influenceurs et les marques, tout en accompagnant les entreprises et en assurant une montée en compétences des marques. Elles permettent d'éviter une asymétrie d'informations et de puissance entre un petit influenceur et une marque qui peut proposer un cadre juridique non adapté ou des contraintes trop fortes.

Les agents ont conscience que la valeur ajoutée du marketing d'influence vient de la cocréation. De son côté, le créateur a la responsabilité de faire des propositions pour valoriser un produit et promouvoir la marque.

Cependant, l'une des difficultés pour certains influenceurs reste de trouver le bon agent, comme le témoigne Christophe Maussin : « On a envie de se faire accompagner mais il faut trouver le bon agent qui sera transparent et qui saura bien nous représenter auprès d'annonceurs, comme nous on se présente aujourd'hui. » Il ajoute que l'agent doit pour cela comprendre son activité et son positionnement : « L'agent doit comprendre qui on est, comment on travaille, l'édito qu'on réalise et savoir valoriser notre profil avec une vraie valeur ajoutée. »

### Sa collaboration avec les marques

Selon Raphaël Demnard, on est aujourd'hui sur un modèle de cocréation marque-influenceur.

## AVIS D'EXPERT

**Raphaël Demard** | General Manager Communitites & CRM de Webedia Creators

### Respecter le style créatif

On ne peut pas travestir le message de la marque ni le côté créatif du Talent. Aujourd'hui, les créateurs de contenu sont plus regardants sur les partenariats qu'ils réalisent et ne veulent pas aller sur n'importe quel territoire. Certains refusent des collaborations (par exemple refus de recommander un produit mal noté sur Yuka dans le passé). La marque doit comprendre qu'un Talent qui aime une marque est prêt à comprendre l'ADN de la marque tout en gardant ses codes de communication (mots clés, contraintes réglementaires, etc.). Un Talent qui fait toujours de l'humour et qui insère un contenu très lisse ne va pas sembler authentique.

Par ailleurs, les influenceurs font très attention à ne pas saturer leur audience et limitent le nombre de collaborations. Sur des périodes chargées comme la période de Noël, l'influenceur va avoir besoin d'un planning éditorial précis pour éviter la saturation. Il peut avoir un post sponsorisé le 23/12 ; le 24/12 ; mais ensuite il doit poster des contenus non sponsorisés, comme l'ouverture de ses cadeaux, et le 25/12 il peut de nouveau avoir une autre collaboration. L'alternance des catégories de produits peut permettre de multiplier un peu les collaborations, mais pas trop.

Pour Bénédicte de Kersauson, il est important que les marques – surtout celles qui commencent dans les collaborations avec des influenceurs – se sentent rassurées sur le plan éthique de la communication envers leur cible, sur la représentation fidèle de leur marque et sur les retours sur investissement des campagnes : « Il est rassurant pour les marques de savoir que quand elles investissent c'est du sérieux avec des vrais professionnels. L'encadrement, le sérieux et les performances vont encourager de nouvelles marques à investir en comprenant la valeur ajoutée par rapport à des publicités traditionnelles et en appréciant avoir un cadre clair. »

Selon Mamadou Dembele, il est essentiel de garder du contenu non promotionnel dans sa stratégie, mais également que la collaboration avec les marques ne soit qu'une partie de son activité d'influenceur : « Aujourd'hui les partenariats représentent moins de 5 % de mon contenu. Le contenu organique restera toujours largement majoritaire ». Mamadou Dembele précise que les stratégies de collaboration avec les marques peuvent varier : « La marque peut envoyer un brief assez détaillé mais laisse une liberté de ton au créateur pour que ça fonctionne : parler d'un produit ou service avec mes propres mots pour que ça paraisse naturel et que ce soit fluide. C'est le placement de produit qui est le plus rémunérateur aujourd'hui. Certaines marques (plutôt les petites) ont une vague idée de la collaboration et laissent le champ assez libre pour communiquer sur les produits/services. » Par ailleurs, Mamadou Dembele est aussi pro-actif dans le développement des projets et sollicite des marques directement : « Je peux aussi aller voir une marque pour soutenir un de mes projets bien identifié. Par exemple j'ai un podcast avec le soutien de l'Ademe car nous partageons une sensibilité pour l'environnement. Ce partenariat apporte de la crédibilité car c'est une institution qui n'a rien à vendre. »

Pour Kim Charlery, il est important de se donner des règles en tant qu'influenceur ; elle s'impose elle-même une liste de règles lors de ses collaborations.

## TÉMOIGNAGE

**Kim Charlery** | créatrice de contenus (TikTok : 74 000 abonnés/Instagram : 11 000 abonnés)

### Règles personnelles dans les collaborations

J'ai commencé à collaborer progressivement avec des marques en m'imposant quelques règles.

1. Je ne collabore qu'avec des marques dont je suis déjà consommatrice/cliente vraiment lambda. Il s'agit pour moi d'être sûre que je ne bénéficie pas d'un traitement différent parce que je suis influenceur. Ainsi, mes abonnés auront bien accès à l'expérience telle que je la décris et je sais de quoi je parle en tant que cliente.
2. Je suis transparente quand un contenu est sponsorisé et je montre à ma communauté comment je monte mes vidéos, le temps que ça me prend, les collaborations que je refuse. Cela crée un lien de confiance avec la communauté. Ils ont vu le travail et mes décisions.

Par exemple, j'ai refusé une collaboration avec une marque de crème pour un problème spécifique de peau que je n'ai pas : j'ai refusé car je ne me sentais pas légitime. Par ailleurs, si j'ai un problème avec un produit, je vais le dire.

3. Je veux pouvoir exprimer ma créativité. Cela m'est déjà arrivé de refuser des collaborations, juste parce que le brief était beaucoup trop fermé, alors que j'aime créer. La plupart du temps, quand on nous envoie des briefs, il y a une autonomie. Je peux me permettre de dire ce que j'aimerais modifier. J'ai besoin qu'il y ait ma patte. Si demain je ne suis plus moi, qu'est-ce qui me différencie de la publicité à la télé ?
4. Quand on met des commentaires, on pose des questions, je vais vite y répondre parce que je les vois finalement – je n'ai pas non plus des dizaines de milliers de commentaires.

Il y a beaucoup de gens qui se sont fait avoir et donc les consommateurs sont plus lucides et veulent des réponses claires et honnêtes.

## Sa construction de carrière

Selon Raphaël Demnard de l'agence Webedia, il y a un besoin grandissant d'émancipation des créateurs de contenu « qui veulent exister en tant que personne pour faire des événements, un livre, un film, une collection de vêtements, une cocréation avec un autre influenceur, une action solidaire ». La notoriété d'un influenceur lui permet d'arriver à une sécurité financière et/ou un niveau d'attractivité par rapport aux marques et de se lancer dans des projets personnels qui font sens.

Pour Kim Charlery, la difficulté de se projeter sur le long terme est partagée par de nombreux influenceurs car les usages et pratiques évoluent constamment et il faudrait expliquer à sa communauté ses évolutions pour rester crédible : « On ne sait pas à quoi vont ressembler les réseaux sociaux dans 10 ans. La création c'est un tremplin qui me permettra d'évoluer vers des métiers où la créativité est valorisée. Cela peut être la mode ou le maquillage en créant par exemple une ligne ou encore dans le design, j'aurais déjà une future communauté. Si demain, je veux devenir pâtissière, je peux communiquer et me faire connaître. J'aime la déco d'intérieur, je peux faire du relooking d'appartement. Ou sinon, devenir Community Manager comme je fais chez l'Oréal. Il faut se renouveler avec le monde qu'il y a aujourd'hui. Je peux passer demain par exemple aux recettes de cuisine et aux chansons. Sauf qu'effectivement, si ta communauté te suit pour le maquillage et que tu veux changer, elle ne va peut-être pas te suivre. » Kim Charlery considère qu'il est possible de se projeter dans d'autres métiers futurs sans tout à fait abandonner son créneau actuel : « On peut changer finalement et proposer d'autres choses. Il ne faudrait pas que j'arrête complètement de parler maquillage du jour au lendemain, que je chante ou donne des conseils de cuisine. »

Par ailleurs, Mamadou Dembele partage son incertitude quant à la pérennité de son activité et de son statut. Il se sent obligé de ne pas se reposer et de tout le temps se remettre en question : « Je souhaite faire de la création de contenu une activité à plein temps. Ma ligne éditoriale est axée sur l'environnement donc je sélectionne des marques alignées avec mes valeurs. Il s'agit de pérenniser mon activité par exemple en faisant de ma page @theimpactstory un vrai média digital présent sur les réseaux sociaux. »

Selon lui, l'aspect le plus satisfaisant de son activité d'influenceur prend forme dans les retours positifs de sa communauté, témoignant de son impact sur les personnes qui le suivent, telles que « des personnes qui sont inspirées par mes vidéos pour modifier leurs comportements ou mentalités de façon plus responsable ». Les principales difficultés se situent autour de la création de contenu qui est compliquée car il faut toujours se renouveler. Le contenu est filtré par un algorithme sur lequel on n'a pas la main. C'est assez frustrant ».

Comme le souligne aussi Marion Min, « l'influence est une activité encore très aléatoire avec des ressources peu garanties sur l'année. Un influenceur peut avoir une collaboration durant un mois puis plus rien ». Une agence de communication ou un agent peuvent accompagner l'influenceur pour qu'il sache développer plusieurs activités. Marion Min cite par exemple le fait qu'un influenceur peut développer plusieurs activités : « un studio créatif (studio photo, aider d'autres créateurs de contenu, talent créatif à proposer aux marques), des podcasts (média sur lequel on prévoit une forte augmentation de demande en 2025), des vidéos que les marques peuvent amplifier sur leurs réseaux, la création d'un media (chaîne YouTube, blog ou newsletter, site à sa marque) ».

D'après Christophe Maussin, le métier va se développer avec une croissance du nombre d'influenceurs et d'annonceurs qui vont travailler avec eux. Christophe Maussin souligne les difficultés au quotidien : « C'est difficile quand on colle à l'actualité car il n'y a aucun temps mort et il faut être hyperréactif. En période de Mercato, il faut être les premiers à récupérer et diffuser l'information ». Il se projette pour l'instant à l'horizon 2026 pour la Coupe du Monde de Football : « Il va y avoir de la coproduction avec la TV et les marques. Il faut être propriétaire de ses contenus, de sa plateforme de marque, de ses droits d'émission pour pouvoir gagner sa vie. »

## *L'ESSENTIEL*

- Un influenceur qui souhaite pérenniser son activité doit mettre en place une stratégie pour développer ses contenus, intéresser son audience et assurer une certaine stabilité financière.
- L'accompagnement par une agence ou un agent peut aider l'influenceur à être repéré et à mettre en place des contrats de partenariats équilibrés.
- Une vision sur le long terme peut permettre à l'influenceur d'anticiper et de développer son potentiel d'activités futures.

# Chapitre 4
# Les évolutions technologiques et l'IA

## *Executive summary*

- **Le métier d'influenceur** est en cours de professionnalisation ce qui implique un cadre et des règles concernant les droits et devoirs d'un influenceur.
- **Pour produire du contenu de qualité,** les influenceurs doivent s'approprier les outils numériques dans leur travail au quotidien.
- **Les influenceurs virtuels** se développent, ce qui modifie les pratiques et pose des questions éthiques.

## Les outils à disposition des influenceurs

Selon Raphaël Demnard de l'agence Webedia, les capacités techniques de production des influenceurs ont beaucoup progressé : « Avant il fallait avoir sa propre caméra, son trépied, son système d'éclairage, etc. Aujourd'hui, c'est plus facile car les gens acceptent plus un format moins qualitatif et il est plus simple d'avoir le minimum de matériel nécessaire notamment avec la sophistication croissante des smartphones. » Pour Christophe Maussin, « les influenceurs doivent maîtriser les outils techniques et leur évolution pour se maintenir à la pointe et rester performant dans l'influence. »

Comme le souligne aussi l'agence Skeeper, les influenceurs disposent de nombreux outils aujourd'hui pour les aider dans la création, la gestion des réseaux et le suivi de leurs performances : « Pour la partie création de contenu, il existe aujourd'hui de nombreux logiciels tels que Canva, Adobe, CapCut ; pour la gestion des réseaux, il existe des plateformes permettant de centraliser et de suivre sur une même interface l'ensemble de son activité comme Hootsuit ; les plateformes proposent des tutoriels ; enfin, pour le pilotage de la performance, des outils d'analyse existent comme Google Analytics ou Mention[1]. »

## La protection intellectuelle des contenus

Pour un influenceur, le contenu qu'il publie est un actif crucial, et la propriété intellectuelle est le fondement sur lequel les créateurs peuvent bâtir leur carrière. La protection de cet actif est donc essentielle. La propriété intellectuelle s'applique aux créateurs de contenu, comme le souligne le site de la Chambre Nationale des Commissaires de Justice (CNJC), afin de protéger notamment les œuvres originales

1. Aubagna M., « Boîte à outils UGC : 12 ressources incontournables pour les influenceurs », *Skeepers*, 23 janvier 2024.

telles que les vidéos, les photos, les textes, le nom ou le pseudonyme de l'influenceur, ou encore les dessins[2].

Comme tout individu, l'influenceur ne peut pas utiliser sans autorisation les œuvres d'un tiers dans le cadre de son activité promotionnelle. À défaut, il encourt en effet des poursuites pour acte de contrefaçon. De plus, l'influenceur doit impérativement s'abstenir de dénigrer un concurrent. Il ne doit pas non plus utiliser la réputation d'un autre influenceur pour promouvoir des produits et services. En effet, une telle pratique peut tomber sous le coup de l'article 1240 du Code civil, soit : « Tout fait quelconque de l'homme, qui cause à autrui un dommage, oblige celui par la faute duquel il est arrivé à le réparer[3]. »

**Bon à savoir : influenceurs et propriété intellectuelle**

Selon le guide de bonne conduite : « Influenceurs et créateurs de contenus. L'essentiel de vos droits et devoirs », publié en juin 2023 par le ministère de l'Économie, des Finances et de la Souveraineté industrielle et numérique, le Code de la propriété intellectuelle s'applique « aux influenceurs qui créent du contenu original au sens du droit d'auteur[4] » et protège « les droits des auteurs sur toutes les œuvres de l'esprit, quels qu'en soient le genre, la forme d'expression, le mérite ou la destination[5]. ».

Par ailleurs, il est précisé sur le site du Gouvernement que les contenus créés par les influenceurs sont protégés par les règles relatives au droit d'auteur par des droits moraux et patrimoniaux sur les contenus.

2. *Propriété intellectuelle des influenceurs : d'autres comptes et/ou entreprises utilisent mes contenus sans mon autorisation, que puis-je faire pour les protéger ?*, Chambre nationale des Commissaires de Justice, 8 mai 2023.
3. Article 1240 du Code civil, modifié par Ordonnance n°2016-131 du 10 février 2016 – art. 2.
4. « Guide de bonne conduite : influenceurs et créateurs de contenus. L'essentiel de vos droits et devoirs. », ministère de l'Économie, des Finances et de la Souveraineté industrielle et numérique, juin 2023, p. 7.
5. Article L112-1 du Code de propriété intellectuelle, version en vigueur depuis le 3 juillet 1992.

1. Droit moral : « décider du principe, du moment et des modalités de la divulgation du contenu mais aussi de la poursuite de sa circulation ; exiger qu'à chaque utilisation le nom soit mentionné et que l'intégrité du contenu soit respectée. »
2. Droits patrimoniaux : « autoriser ou interdire les reproductions ou représentations des contenus[6] ». Un tiers ne pourra donc pas réutiliser des publications et/ou vidéos d'un influenceur sans en avoir d'abord obtenu les droits.

## Le développement des influenceurs virtuels

Selon un article du magazine *Capital*, « les influenceurs virtuels présentent des avantages : le coût d'une collaboration est moins élevé pour une marque ; la création prend moins de temps ; les entreprises peuvent contrôler tous les éléments (image, taille, voix, etc.)[7]. » Cependant, l'article souligne également « un vrai danger de déshumanisation ».

Pour Jean-Patrick Théveny, directeur de TMT Consulting, les influenceurs virtuels sont des personnages créés de manière numérique qui n'existent pas dans le monde réel : « Ce sont des entités purement virtuelles conçus pour ressembler à des êtres humains. » Il souligne que pour les marques, les influenceurs virtuels « offrent une opportunité :

- d'engager les clients d'une manière innovante ;
- de collaborer avec une entité qui ne pose pas de problèmes en termes de risques de comportements déviants ;
- d'assurer un haut niveau de contrôle sur les contenus et de réduire les coûts de production des campagnes ».

Jean-Patrick Théveny explique que les influenceurs virtuels ont vu le jour en 2015 et que des profils ont vraiment émergé vers 2017 :

6. *Ibid.*
7. Calvez A., « Les influenceurs virtuels, la nouvelle arme secrète des marques ? », *Capital*, 9 novembre 2024.

« L'un des premiers influenceurs virtuels connus est Lil Miquela, développée par Brud Incorporated sur Instagram. Cet influenceur a "collaboré" avec de grandes marques comme BMW, Alexander Mc Queen, Samsung, Haribo ou Isamaya Beauty ». Un autre exemple d'IA dans l'influence est celui d'Imma Gram avec lequel ont collaboré également des marques connues comme Puma, Porsche ou Dior.

Jean-Patrick Théveny indique par ailleurs que l'« un des enjeux éthiques sur le sujet des influenceurs virtuels est le fait que, avec le développement de la technologie, cela devient difficile pour les individus de différencier des influenceurs virtuels ou réels ». Ils captivent par leur apparence presque humaine, mais pas tout à fait, suscitant curiosité et fascination. Ce mystère est une stratégie marketing puissante. Grâce aux progrès technologiques et aux retouches omniprésentes sur les photos des vrais influenceurs, la frontière entre réel et virtuel devient floue. Certains avatars affichent volontairement des imperfections pour paraître plus « humains », comme les taches de rousseur et les dents légèrement écartées de Lil Miquela. Cela pose plusieurs problèmes éthiques : « l'internaute croit suivre un être humain sans savoir que ce n'est pas une vraie personne ; l'internaute peut se projeter dans une image irréelle et déformée de la beauté, conduisant à une perception négative de soi ». Jean-Patrick Théveny considère qu'« il y a actuellement un vide juridique en ce qui concerne l'encadrement des influenceurs virtuels. L'un des premiers pays à réguler les influenceurs virtuels est l'Inde en juillet 2021. Mais la technologie va plus vite que le droit et conduit à des régulations post-publication. L'une des questions qui se pose aussi est de savoir qui est responsable en cas de problème avec un produit ou une marque recommandée. » Enfin, Jean-Patrick Théveny rappelle que « l'on enlève l'authenticité et la dimension créative externe que peut apporter un vrai influenceur ».

Les avis sont partagés sur les impacts potentiels du développement de l'IA dans le domaine du marketing d'influence. Les influenceurs virtuels n'ont pas une personnalité humaine : ils ne peuvent pas se remémorer des vacances récentes, déballer avec enthousiasme un nouveau produit ou exprimer leurs véritables pensées/sentiments sur une marque. En fait, le rôle des influenceurs humains dans le marketing pourrait devenir d'autant plus important dans un monde aux prises avec les « deepfakes » (hypertrucages), les controverses alimentées par l'IA et la désinformation endémique.

Certains experts, comme Raphaël Demnard de l'agence Webedia, considèrent que l'intelligence artificielle (IA) aura quasiment zéro impact sur le marché de l'influence. Les communautés vont avoir un attachement limité à un influenceur virtuel. Cela apporte peu de changement car ce sont les humains qui vont créer leurs défis, leurs envies. L'IA va aider en termes d'outil (ex : le générateur d'images Midjourney) et agir comme facilitateur de business en termes opérationnels grâce à l'utilisation de prompts, tels que : « J'ai un brief de marque en 4 points, je veux que la miniature soit faite par Midjourney, je veux le traduire en plusieurs langues, etc. »

Mais Inoxtag ne s'est pas mis sur ChatGPT pour définir son projet sur l'Everest. Il y aura toujours en premier lieu une volonté intrinsèque d'un influenceur de porter un projet/réaliser un challenge.

*A contrario*, d'autres experts comme Bénédicte de Kersauson considèrent notamment que l'apparition des influenceurs virtuels va entraîner des changements importants créant des risques mais aussi des opportunités. Le contenu offert par l'IA ouvre le champ des possibles en termes créatifs. La maîtrise de l'IA générative va devenir une compétence en soi importante pour les influenceurs. Des outils comme CapCut (outil d'édition vidéo gratuit) va même faire exploser une autre forme de créativité. En ce qui concerne l'intelligence artificielle, l'IA va permettre de faire gagner du temps sur les vérifications des profils d'influenceurs plutôt que sur le contenu. Cependant, Bénédicte de Kersauson souligne qu'il y a « un risque sur l'uniformité des contenus et pour les droits d'auteur. Les créateurs ne devraient pas être remplacés par des créateurs virtuels car il manquerait l'authenticité que recherche l'audience ». Le côté créatif spontané va continuer d'être très valorisé et important pour les marques car c'est ce qu'elles viennent rechercher.

Pour Benjamin Puygrenier et Anne-Sophie Adésir, respectivement directeur de la communication (France et Benelux) et directrice marketing de Tinder France, l'IA est intéressante et complémentaire des influenceurs réels. Les IA commencent à être exploitées par des marques et peuvent servir à améliorer certaines utilisations, comme choisir ses photos de profil. Elles permettent de développer d'autres potentiels créatifs sans remplacer l'expression créative de l'humain.

Selon Radio France, « l'IA Act, le règlement européen sur l'intelligence artificielle, impose deux nouvelles obligations à la charge des fournisseurs de modèles d'intelligence artificielle :

1. une obligation de transparence d'un côté sur les sources qu'ils utilisent pour l'entraînement ;
2. une obligation de mettre en place en interne une politique de respect des droits d'auteur et des droits voisins du droit d'auteur[8]. »

Les technologies d'apprentissage automatique qui sont au cœur des systèmes d'intelligence artificielle (IA) « s'entraînent » sur d'importantes masses de données.

Par ailleurs, une mission relative à la rémunération des contenus culturels utilisés par les systèmes d'intelligence artificielle est en cours au ministère de la Culture. Les auteurs de cette mission soulignent que « le principe de transparence des sources, permettra aux titulaires de droits :

- de vérifier la prise en compte de leur opposition à l'usage de leurs œuvres et prestations ;

8. Grossin B., « IA et Culture : le règlement européen sur l'intelligence artificielle "permet l'exercice des droits" », *France Culture*, 7 février 2025.

– d'en tirer les conséquences économiques en termes de rémunération[9]. »

Ils indiquent également que « sur le plan juridique, les conditions paraissent désormais réunies pour une juste rémunération des ayants droit et une sécurité juridique pour les fournisseurs de modèles d'IA. »

## L'ESSENTIEL

- La maîtrise des outils numériques est clé pour maintenir la performance des contenus et assurer la pertinence des posts.
- Les technologies deviennent de plus en plus sophistiquées forçant les influenceurs à dédier des ressources pour améliorer et maintenir leur niveau de compétences techniques.
- Si les outils augmentent les capacités de production, ils posent aussi des questions sur le lien humain dans la relation à l'audience et la protection des contenus.
- La concurrence des influenceurs virtuels peut apparaître comme une menace pour l'activité des influenceurs mais il manque une dimension émotionnelle et de responsabilité.
- Une question se pose : l'influence automatisée est-elle compatible avec l'authenticité et l'éthique recherchées par les abonnés ?

9. *Mission relative à la rémunération des contenus culturels utilisés par les systèmes d'intelligence artificielle*, Conseil supérieur de la propriété littéraire et artistique (CSPLA), ministère de la Culture, 17 avril 2024.

## Chapitre 5
# La réglementation autour de l'influence

*Executive summary*

- **L'encadrement juridique** de l'influence s'est accéléré avec la loi du 9 juin 2023 et le certificat de l'influence.
- **La réglementation** impose la distinction des contenus sponsorisés et non sponsorisés ainsi que des obligations fiscales.
- **La déontologie** occupe une place grandissante dans l'influence afin de protéger les influenceurs et les consommateurs, notamment les plus jeunes.
- **Le marketing d'influence** entre dans une phase de maturité, où professionnalisation et régulation deviennent incontournables.
- **Comment** les influenceurs peuvent bénéficier d'une réglementation plus claire et d'une déontologie mieux appliquée ?

## La loi du 9 juin 2023

La loi du 9 juin 2023[1] vise à mieux protéger les influenceurs et leur audience en encadrant l'activité des créateurs de contenu sur les réseaux sociaux. L'objectif principal est de lutter plus efficacement contre diverses dérives et arnaques constatées, telles que la promotion au recours à la chirurgie esthétique, les contrefaçons, ou encore les paris d'argent excessifs.

La loi organise plusieurs aspects de l'activité d'influence commerciale par voie électronique :

- elle définit et délimite la nature de l'activité d'influence commerciale ;
- elle précise les dispositions générales relatives à l'activité d'influence commerciale ;
- elle indique les dispositions spécifiques relatives à la promotion de biens et de services dans le cadre de l'activité d'influence, à l'activité d'agent d'influenceur, aux contrats, à la responsabilité civile solidaire et à l'assurance civile professionnelle.

Par ailleurs, la loi régule la promotion des activités. Certaines sont encadrées, voire interdites : méthodes à visée esthétique, prescriptions thérapeutiques, produits de nicotine, services financiers sur actifs numériques, pronostics sportifs ou jeux d'argent. La violation est punie de deux ans d'emprisonnement et de 300 000 euros d'amende.

Afin d'assurer une meilleure transparence vis-à-vis de leurs abonnés, les influenceurs sont tenus d'afficher de manière claire la mention « publicité » ou « collaboration commerciale » sur leurs contenus promotionnels.

Enfin, dans le but de protéger les plus jeunes, les images ou vidéos contenant des visages ou des silhouettes modifiés, notamment à l'aide de filtres ou générés par intelligence artificielle, devront être accompagnées de la mention « images retouchées » ou « images virtuelles ».

---

1. Loi n° 2023-451 du 9 juin 2023 visant à encadrer l'influence commerciale et à lutter contre les dérives des influenceurs sur les réseaux sociaux (1), *Journal officiel*, n° 0133, 10 juin 2023.

La loi n° 2023-451 du 9 juin 2023 étend le pouvoir de sanction de l'Autorité des Marchés Financiers (AMF) aux influenceurs offrant des services d'investissement en ligne, et pourra sanctionner l'influenceur qui fait la promotion d'une offre d'investissement en ligne sans respecter le cadre imposé par le Code monétaire et financier, par un an d'emprisonnement et 300 000 euros d'amende.

Certains décrets d'application sont encore en attente mais un rapport d'information[2], évalue l'application de la loi. Six mois après l'entrée en vigueur de la loi, le rapport constate une prise de conscience accrue parmi les influenceurs et les agences, ainsi qu'une clarification des règles encadrant les pratiques commerciales, notamment en ce qui concerne la publicité déguisée. Les autorités administratives, telles que la Direction Générale de la Concurrence, de la Consommation et de la Répression des Fraudes (DGCCRF) et l'Autorité de Régulation Professionnelle de la Publicité (ARPP), ont commencé à intervenir plus efficacement. Cependant, des défis subsistent, notamment la persistance de publicités trompeuses (en particulier dans les domaines de la santé et de la finance), ainsi que la difficulté à réguler les contenus diffusés sur des plateformes étrangères. Le rapport recommande d'améliorer l'identification des contenus sponsorisés, de renforcer la coopération avec les plateformes pour signaler et retirer rapidement les contenus illicites, d'encourager la création d'un statut légal pour les influenceurs professionnels et de développer l'éducation aux médias dès l'école pour sensibiliser à la publicité sur les réseaux sociaux. Une attention particulière est portée aux « matchs » TikTok, des sessions en direct où des influenceurs sollicitent l'envoi de cadeaux virtuels de la part des internautes pour augmenter leur score. Ces pratiques, souvent lucratives pour les influenceurs et la plateforme, soulèvent des préoccupations quant à la protection des utilisateurs, notamment des mineurs. La DGCCRF envisage de qualifier ces « matchs » de pratiques commerciales trompeuses, en

2. Rapport d'information n° 2339 sur l'application de la loi n° 2023-451 du 9 juin 2023, Assemblée nationale, 13 mars 2024.

raison de la relation commerciale implicite entre l'influenceur, la plateforme et l'utilisateur, qui achète des pièces virtuelles pour offrir des cadeaux. Le rapport recommande d'étudier la mise en œuvre d'un dispositif de régulation spécifique pour encadrer plus fortement ces pratiques numériques et garantir la protection des utilisateurs.

## Le certificat de l'influence

La loi ne suffit pas toujours à garantir une influence responsable et il est apparu également important, en complément, que les acteurs de l'influence développent eux-mêmes une charte de bonne conduite. Ainsi, la loi est renforcée par le certificat d'influence responsable de l'ARPP. D'autre part, le Syndicat du Conseil en Relations Publics (SCRP) a lancé des initiatives pour encadrer le secteur, comme la Charte de la relation influenceurs : les agences en relations publics ont souhaité clarifier par cette charte leur façon, responsable et transparente, de collaborer avec des influenceurs.

**Bon à savoir : La charte de la relation influenceurs**

L'objectif est de promouvoir une influence responsable et transparente. Les 52 agences membres du SCRP se sont engagées en signant la charte de la relation influenceurs en novembre 2020.

L'identification et la gestion des relations influenceurs s'inscrivent dans l'offre omnicanale qu'est à même de proposer le professionnel du conseil en relations publics, tout en l'inscrivant dans le cadre déontologique qui régit l'activité des agences conseil en relations publics. Le SCRP appelle à une législation plus stricte pour encadrer les relations influenceurs, notamment en interdisant la double pratique d'agent d'influenceurs et de conseil en marketing d'influence. Le SCRP souligne également l'importance d'un conseil neutre et transparent pour les marques, entreprises et institutions. Il insiste sur la nécessité d'encadrer contractuellement les relations commerciales et de sanctionner les manquements. L'interdiction de la double pratique permettrait ainsi de protéger les consommateurs, les marques et les influenceurs eux-mêmes.

Selon Sophie Roosen et Laureline L'Honnen-Frossard – respectivement directrice marque et impact et directrice des affaires publiques et juridiques pour l'Union des Marques –, la question de la responsabilité par rapport aux contenus diffusés sur Internet se pose : « On est sur un principe de coresponsabilité qui associe aussi les agences/agents qui participent à l'opération. L'influenceur doit respecter le cadre juridique vis-à-vis de la marque. » L'Union des Marques souligne le rôle clé des agents dans le respect des règles : « Les agents d'influenceurs doivent accompagner leurs créateurs sur le point juridique/déontologique. Les influenceurs ne sont pas des experts de la communication, alors que les agents/agences le sont. » Elles ajoutent également que « même si nous proposons des guides pour rédiger des briefs, tant que la création n'est pas faite, la marque n'est pas à l'abri d'éléments qui peuvent apparaître au moment de la création qui n'ont pas toujours été anticipés ».

Pour accompagner les influenceurs dans la bonne compréhension des produits et de l'identité d'une marque, les managers mettent en place des outils. Sophie Roosen et Laureline L'Honnen-Frossard citent le fait que « certaines marques ont créé des "jeux de loi" sur le cycle de vie de leurs produits pour apporter la connaissance au-delà du simple brief produit. Il s'agit ici de s'assurer d'une cohérence globale de leur image. »

Selon Charles Sterlings, le fait d'avoir des pratiques responsables est essentiel aujourd'hui. Il considère en effet qu'il est bénéfique de s'associer à l'Umicc : « Je travaille avec l'Umicc car le but est d'enlever les mauvaises graines d'un secteur. Il est essentiel d'avertir son public des collaborations. Je suis "pour" qu'il y ait des amendes pour ceux qui ne jouent pas le jeu et ne suivent pas les règles. »

## La déontologie des influenceurs

Un marketing d'influence responsable et économiquement viable passe notamment par la sélection rigoureuse des partenariats, le refus de certaines collaborations non éthiques et la promotion de produits et de modes de consommation responsables comme la seconde main. Certains influenceurs ont adopté des critères de choix stricts pour leurs collaborations. Ils ont priorisé la qualité des produits et l'alignement de la marque avec leurs valeurs, au-delà de la rémunération.

### AVIS D'EXPERTE

**Eva Coulon** | spécialisée en influence à l'ISCOM Lille

**Aller vers l'influence éthique est une évolution essentielle**

Si le fait d'évoluer vers une influence plus éthique peut être perçu par certains influenceurs comme un frein dans leurs partenariats, il s'agit pour d'autres d'une tendance générale et d'une transformation vertueuse de l'influence qu'il faut suivre.

En effet, les influenceurs ont le pouvoir et la possibilité de sélectionner des marques éthiques et durables pour leurs collaborations, même si cela s'annonce plus complexe, car le budget alloué à l'influence de ces marques est parfois moindre par rapport à celui de certaines marques non éthiques. Ils peuvent toutefois encourager une consommation durable et éthique en étant transparents et cohérents dans leurs partenariats et en promouvant des pratiques plus durables comme la seconde main.

La recherche d'une influence responsable remet par ailleurs en question le modèle traditionnel du marketing d'influence au profit de collaborations plus sélectives où l'histoire, l'impact social et le cycle de vie des articles sont davantage mis en avant. Cette évolution du marketing d'influence pourrait s'inscrire dans l'évolution d'une communication globale plus responsable, amenant les pratiques publicitaires vers davantage de transparence.

Cette évolution vers un marketing d'influence responsable pourrait ainsi engendrer un cercle vertueux. Les marques éthiques auraient davantage de visibilité et de pouvoir économique grâce aux recommandations des influenceurs, ce qui leur permettrait de mieux les rémunérer et de régler ce frein lié à la monétisation des partenariats éthiques et durables. À l'avenir, le secteur pourrait ainsi continuer d'être réglementé selon l'avancée des enjeux éthiques et environnementaux rencontrés.

Il convient dès lors de redéfinir les normes du marketing digital en encourageant une consommation plus réfléchie et en faisant de l'engagement et de la durabilité une priorité dans les stratégies de communication.

## L'ESSENTIEL

- La loi du 9 juin 2023 a marqué un tournant décisif dans la reconnaissance des influenceurs et l'encadrement légal de l'activité du marketing d'influence.
- Les efforts sur les textes de loi et sur les codes de déontologie de la profession permettent de professionnaliser le secteur, d'éviter les abus et de renforcer la confiance.
- Le désir de mettre en œuvre une influence responsable, parmi la majeure partie des influenceurs, permet d'améliorer leur image.
- La régulation reste à renforcer dans un univers où les frontières entre publicité, informations et opinions personnelles sont poreuses.
- Mais la multiplication des règles interroge : jusqu'où aller dans la régulation sans freiner l'élan créatif des nouveaux entrants ?

# PARTIE 2

# Rapprocher les marques et les influenceurs

Une campagne d'influence réussie doit passer par plusieurs étapes : identification des influenceurs, contractualisation, définition des messages, articulation avec les autres canaux, gestion dans la durée et mesure des performances.

En collaborant avec les influenceurs, les marques peuvent atteindre de nouvelles cibles, difficilement atteignables via les canaux traditionnels. Elles peuvent prendre la parole de façon pertinente et efficace sur les réseaux sociaux afin d'être visibles et attrayantes avec un message fort.

Les marques peuvent mesurer le retour sur investissement de leur campagne d'influence, en exploitant des outils analytiques et des indicateurs spécifiques au marketing digital (comme le taux d'engagement), souvent accessibles sur les plateformes numériques.

# Chapitre 6
# Marques et communication sur les réseaux sociaux

## *Executive summary*

- **La stratégie** de communication des marques doit s'adapter aux spécificités des réseaux sociaux.
- **Différents types de contenus** peuvent être publiés sur les réseaux sociaux selon ses objectifs et moyens marketing.
- **Le marketing d'influence** doit être pensé davantage comme un levier complémentaire plutôt qu'un remplacement de la publicité traditionnelle.

## Changement du paradigme de communication des marques

Avec l'essor des influenceurs, les marques se sont tournées vers eux pour promouvoir leurs produits. Il est souvent considéré que le marketing d'influence est né du déclin de l'efficacité des formes traditionnelles de communication persuasive.

Les consommateurs perçoivent comme peu crédible un message promotionnel dans lequel une marque vante les mérites de ses produits, car celui ou celle qui prend la parole est juge et partie. Les consommateurs n'apprécient pas que les marques les incitent trop directement à adopter des comportements et ils sont plus enclins à faire confiance aux recommandations de personnes qu'ils connaissent, suivent ou admirent.

Cependant, pour une marque, le marketing d'influence demande de changer son paradigme car les mécanismes se distinguent de la publicité classique sur plusieurs aspects.

- Tout d'abord, la marque ne prend pas la parole directement pour promouvoir ses produits mais elle demande à un tiers, l'influenceur, de s'exprimer pour elle. L'influenceur se différencie d'un ambassadeur pour lequel la marque dicte un message qui est reconnu comme émanant directement d'elle. Avec un influenceur, le contrôle créatif sur le contenu n'est plus uniquement celui de la marque et doit intégrer la façon dont l'influenceur s'exprime en général.
- Par ailleurs, l'influenceur fait rentrer la marque ou le produit dans son univers, se rapprochant ainsi d'une stratégie de placement de produit. Le placement de produit est tout de même différent dans le sens où l'influenceur parle du produit tandis que dans un placement classique, les protagonistes utilisent une marque sans en parler.
- Enfin, un influenceur possède en général une communauté dont le profil est connu, alors qu'un média classique peut avoir du mal à s'adresser à un public très « niche », qui d'ailleurs se

détourne parfois des chaînes de radio ou de télévision ou bien porte une attention très faible à leur contenu. L'influenceur bénéficie d'une audience précise qui s'intéresse au contenu diffusé et réagit à ce contenu.

Selon Léo Scattolari, expert en communication digitiale, le marketing d'influence est en perpétuelle évolution et a beaucoup progressé depuis les premiers blogs. Au début, il n'y avait pas de cadrage juridique et chacun faisait des essais sur des nouvelles plateformes avec peu d'antériorité. Il considère qu'une marque « ne peut pas se passer de l'influence car les jeunes sont sur les réseaux sociaux aujourd'hui, notamment sur TikTok. Les réseaux sociaux sont là pour longtemps. » Ce qui peut ne pas durer, c'est bien la popularité d'un influenceur et d'une plateforme.

Selon Sophie Roosen et Laureline L'Honnen-Frossard, le marketing d'influence est une stratégie qui est utilisée depuis plus ou moins longtemps selon les secteurs d'activité : « Les catégories Beauté et Mode ont commencé depuis longtemps avec les blogueurs avant d'aller ensuite plus largement vers les influenceurs ». De nouveaux secteurs se mettent aujourd'hui à l'influence : « On voit maintenant des secteurs auxquels on n'aurait pas pensé arriver dans l'influence, comme la banque. Par exemple, BNP Paribas a réalisé une campagne avec un influenceur sur TikTok pour parler des garanties pour la location pour les étudiants. » Les deux directrices indiquent que « sur des sujets précis, pour aller toucher une cible niche et jeune, il faut aller sur l'influence. C'est le niveau d'implication, les budgets et le type d'activation qui va varier selon les secteurs. »

L'une des différences pour une marque qui va s'exprimer sur les réseaux sociaux, par rapport au fait de passer par un intermédiaire comme un influenceur, réside notamment dans la crédibilité du message intermédié.

Le fait de diffuser un discours de marque par la voix d'un influenceur présente plusieurs caractéristiques qui améliorent la crédibilité des messages.

- L'influenceur teste et vérifie lui-même le produit ou service afin de se faire sa propre opinion, avant d'en faire éventuellement la promotion.
- L'influenceur a déjà une personnalité, des valeurs et des goûts que l'audience connaît et apprécie. La marque est ainsi assurée de l'appréciation de l'audience de l'influenceur.
- L'influenceur peut apporter de la créativité car il a son mot à dire sur le message et ne répète pas seulement un texte fourni par une marque. Son discours est authentique.
- L'influenceur montre comment le produit peut être utilisé, permettant à l'audience de se projeter dans des situations concrètes avec le produit ou le service dans des situations familières.

Fabien Sommer, Senior Global Communication Project Manager chez Moët Hennessy, reconnaît quant à lui que la collaboration avec des influenceurs change la façon dont les marques s'expriment : « Aujourd'hui, les influenceurs ne sont plus seulement considérés par les marques comme des porte-voix mais aussi comme des artistes ou des experts qui apportent du fonds, un discours narratif et une vraie plus-value en introduisant la marque dans un environnement préexistant – le leur. »

## AVIS D'EXPERTE

**Emilie Le Guiniec** | présidente du comité éthique de l'Umicc et fondatrice de l'agence Quarks[1]

### Un renversement du paradigme de la communication

L'émergence de personnes lambda avec un talent pour la communication marque aujourd'hui un renversement du paradigme de la communication. Le message n'est plus descendant et s'éloigne du schéma : marque > agence > consommateur. C'est le consommateur qui

1. N.D.A. : Agence de conseil en marketing d'influence et agence de talents.

prend la parole et s'exprime sur une marque, un service, une expérience. C'est aussi le consommateur qui décide s'il suit une marque ou un influenceur sur les réseaux sociaux, en fonction de la pertinence des contenus proposés.

La majorité des contenus des influenceurs ne sont pas sponsorisés. Il leur faut donc trouver constamment de nouvelles idées pour se renouveler et continuer à intéresser leur communauté.

Pour certains experts de la communication, l'influence n'est pas une nouvelle activité en soi, mais son développement et sa visibilité se sont accrus avec les réseaux sociaux.

Selon Anne-Mareille Dubois, déléguée générale du Syndicat des Conseils en Relations Publics, il est crucial de bien différencier l'activité des relations publics et le marketing d'influence : « Le contenu publicitaire commercial se distingue du contenu rédactionnel non commercial. Pour les différencier, plusieurs questions clés sont à se poser quand on lit ou on écoute un contenu. Y a-t-il un libre arbitre de la part de celui qui produit le contenu ? La personne qui produit un contenu a-t-elle elle-même choisi son sujet et la façon dont elle va l'aborder ? On ne monnaye pas un contenu contre un avantage quand on est en RP. »

Anne-Mareille Dubois souligne également que les collaborations avec les influenceurs ne sont pas forcément rémunérées : « Si on échange avec des influenceurs très engagés sur le climat, on n'est pas forcément dans une communication monnayée. Il est essentiel que l'on puisse avoir confiance dans les contenus rédactionnels et dans l'opinion qui est présentée comme reflétant vraiment celle de l'auteur. Une personne qui recommande un produit, un service ou une marque peut le faire sans qu'il y ait une monétisation derrière. »

Dès lors, il est essentiel de bien différencier les contenus, notamment ceux qui sont « sponsorisés » de ceux qui ne le sont pas. Pour ce faire, la méthode la plus courante consiste à distinguer le média payant (Paid Media), le média détenu (Owned Media) et le média gagné (Earned Media).

## FICHE PRATIQUE

### DIFFÉRENCIER PAID/OWNED/EARNED MEDIA

Pour comprendre et maîtriser les nouveaux paradigmes de communication, la marque doit avoir une stratégie claire sur ses différents leviers et différencier les médias « Paid », « Owned » et « Earned ».

- Paid Media : correspond aux supports de communication financés par la marque pour promouvoir son nom et ses produits (création et diffusion de publicités, organisation d'événements de promotion, etc.).
- Owned Media : se réfère aux supports de communication interne (site Internet, compte Facebook ou autre plateforme, newsletter, etc.).
- Earned Media : reflète la mise en avant de la marque sans que celle-ci soit impliquée directement dans la création ou diffusion des messages. Il correspond à l'ensemble des mentions de la marque (partages ou mentions sur les réseaux sociaux, bouche à oreille, etc.).

Par ailleurs, le bouleversement du paysage médiatique avec l'explosion des plateformes, la collecte de données par les marketeurs et l'augmentation des bloqueurs de publicités ont conduit à une baisse de l'engagement, de la confiance et de l'attention des audiences pour les messages publicitaires traditionnels. Cette remise en question partielle des médias classiques/traditionnels (TV, journaux) profite aux plateformes digitales et aux contenus digitaux.

## Adaptation des contenus de marque

L'influence fait partie du vaste champ de la communication média, soit la production et le partage de contenu à destination d'une audience.

D'après Ogilvy Paris, si les algorithmes des plateformes valorisent les marques qui publient régulièrement du contenu sur les réseaux sociaux, il faut faire attention à bien distinguer les contenus et les alterner selon des objectifs précis. On peut développer des contenus :

– Evergreen[2] (découvrir la marque) ;
– Entertainment (engager la conversation) ;
– Agile (partager des actualités brulantes).

Ogilvy Paris cite l'exemple de la marque Absolut Vodka : « la marque a réalisé des contenus dits "Evergreen" (*Cocktails : Les recettes créatives d'Absolut Vodka*) ; "Entertainment" (un influenceur qui déguste le produit de façon fun) ; "Agile" (une tendance TikTok associant cocktail et make-up). La planification des actions de communication sur les réseaux sociaux (choix du thème/de la plateforme, etc.) tout au long de l'année est un élément clé pour organiser ces étapes : de l'idée à la création, puis de la distribution à l'impact mesurable. »

Ogilvy Paris cite également la marque d'articles de sport Decathlon qui, durant les Jeux Olympiques de Paris 2024, a réalisé une campagne active : « le challenge était de garder l'attention à un moment culturel où il y avait énormément de bruit sur les réseaux sociaux et où il fallait émerger. On y distinguait plusieurs types de contenus :
– planifié et porté par la marque (ouverture d'un terrain) ;
– influenceur (contenu géré par le créateur à la rencontre des partenaires) ;
– prédictif (athlètes en partenariat avec Decathlon qui avait préparé des posts à l'avance).

Les contenus ont été pensés en amont sur la partie « creator led » (géré par le créateur de contenu) en laissant une part de créativité aux créateurs ce qui renforce l'engagement. »

2. N.D.A. : L'Evergreen est un contenu qui ne meure jamais, peu importe la date à laquelle les internautes le lisent. Il n'est pas daté afin d'être toujours visible et bien positionné dans les moteurs de recherche (la date que l'on peut lire dans les résultats des moteurs de recherche peut détourner des internautes). Aussi, l'Evergreen est destiné à informer et à donner des informations générales qui seront longtemps d'actualité sur le long terme.

## AVIS D'EXPERTE

**Claire Mariat** | directrice ajointe relations publics et influence à Ogilvy Paris

### Mieux communiquer avec le *social purpose*

Le discours des marques est parfois trop « autocentré » et ne prend pas toujours en compte la dimension relationnelle. Une marque ne peut plus se contenter d'un « Brand Purpose », c'est-à-dire d'exposer ses produits ou son identité. Elle doit développer une communication qui s'inscrit dans une culture (musique, sport, gaming, pop culture, littérature, cinéma, etc.). Cela présuppose de partir d'une bonne connaissance des consommateurs et d'évoluer vers un « social purpose ».

Le *social purpose* consiste à révéler une facette inédite de la marque, ancrée dans la conversation et la culture des internautes. Par ce moyen, les marques peuvent ainsi proposer un message qui fait écho aux attentes des consommateurs, avec une dynamique relationnelle et des connexions émotionnelles.

## Déontologie dans le marketing d'influence

Il est important que les marques, les agences et les influenceurs soient très vigilants sur le respect des règles concernant l'identification des contenus sponsorisés et les options de partenariat. Plusieurs possibilités existent pour mentionner qu'un contenu a été réalisé en partenariat avec une marque : les mentions « collaboration commerciale » et « publicité », ou bien l'utilisation d'une fonction spécifique à une plateforme (le Paid Partnership d'Amazon par exemple).

Selon l'Autorité de Régulation Professionnelle de la Publicité (ARPP), pour s'assurer que les contenus sont bien identifiés comme « commerciaux » ou « non commerciaux », il est important « d'éviter la double pratique de conseil et d'agent. On ne peut pas à la fois représenter une marque dans ses intérêts de communication et en même temps être un représentant d'un influenceur et faire en sorte qu'il en fasse une carrière. » Par ailleurs, l'ARPP suggère « d'avoir une double signature entre l'agence et l'influenceur pour éviter des marges cachées sur lesquelles les influenceurs ne reçoivent que peu. »

Dans le cadre d'une collaboration commerciale, Christophe Maussin estime que le respect des règles est la priorité. Pour qu'elle soit efficace, l'influence se doit de suivre la déontologie du métier et les marques partenaires de jouer le jeu de la transparence et de l'éthique. Il précise que les mentions légales ne sont pas les seules à être prises en compte, mais que les règles que l'on se fixe à soi-même en tant qu'influenceur sont également importantes.

## *L'ESSENTIEL*

- La communication sur les réseaux sociaux a introduit une dimension interactive et instantanée dans les échanges. Elle a aussi bouleversé la hiérarchie autrefois descendante (de la marque vers le consommateur) car elle implique une coconstruction de l'image avec les utilisateurs.
- Le marketing d'influence n'a pas vocation à remplacer la communication sur d'autres médias (presse, TV, événementiels, etc.) mais plutôt à agir de façon complémentaire en termes d'amplification, d'incarnation, d'audience touchée et de crédibilité.
- Les influenceurs adoptent de façon croissante une déontologie commune à leurs pratiques, afin de créer une relation de confiance durable avec leur communauté.

Chapitre 7
# Comprendre le marketing d'influence

## *Executive summary*

- **Plusieurs étapes** sont nécessaires pour mettre en place une collaboration réussie entre une marque et un influenceur : identification des bons profils, définition des objectifs, et élaboration d'un brief.
- **Il est nécessaire** de respecter la liberté de ton de l'influenceur tout en cadrant les messages clés. Le partenariat doit être équilibré, respectueux des valeurs de chacun.
- **Les erreurs à éviter** incluent notamment : une collaboration incohérente, un manque de clarté ou une pression excessive. Une bonne gestion passe par une communication fluide, une contractualisation précise et une relation de confiance durable.

## Les bénéfices de la collaboration avec un influenceur

Sophie Roosen et Laureline L'Honnen-Frossard soulignent que l'un des avantages clés de la collaboration avec des influenceurs réside dans le fait que les messages sont émis de façon spontanée par une personne proche de sa communauté. Avec l'influence, deux objectifs sont souvent poursuivis par les marques :

1. le retour sur investissement d'un budget de communication, grâce à une tactique commerciale à court terme ;
2. le développement de la notoriété et l'image, qui témoigne d'une tactique sur le long terme pour s'adresser à une cible qu'on a du mal à toucher.

Ces deux tactiques peuvent être combinées. Pour une même marque, une opération peut être pilotée par les équipes marketing avec des objectifs à court terme (ex : Saint-Valentin) ; et une autre menée sur des sujets de fond (ex : santé mentale).

En s'appuyant sur des individus influents sur les réseaux sociaux, le marketing d'influence offre plusieurs avantages aux marques par rapport aux autres leviers de communication.

- Authenticité et confiance : les influenceurs ont construit une relation de confiance avec leur audience. Leurs recommandations sont perçues comme plus authentiques et moins commerciales que la publicité traditionnelle.
- Ciblage précis : chaque influenceur possède une audience spécifique, permettant aux marques de cibler des niches et d'atteindre des consommateurs réellement intéressés par leurs produits ou services.
- Engagement accru : le contenu créé par les influenceurs est souvent plus engageant que la publicité traditionnelle. Il génère des interactions (*likes*, commentaires, partages) et favorise le dialogue avec la marque.
- Mesurabilité des résultats : les plateformes sociales offrent des outils de suivi précis permettant de mesurer l'impact des

campagnes d'influence en termes de portée, d'engagement et de conversions.
- Coût potentiellement plus faible : collaborer avec des influenceurs qui ont une petite communauté peut être plus économique que de lancer une campagne publicitaire traditionnelle.

## CAS D'ENTREPRISE

### Allianz

Selon Julie Dremière, Head of social media, influence & e-réputation d'Allianz France, et Myriam Hannachi, Senior Social Media & Influence Manager d'Allianz France, l'impact d'un message de marque est beaucoup plus fort si c'est un influenceur qui communique. Elles soulignent que la marque Allianz pourrait atteindre autant de vues sans collaborer avec des influenceurs, mais que cela demanderait un budget plus important et que, par ailleurs, chaque vue sans influenceur aurait moins d'impact car le message semblera moins crédible et l'audience touchée sera moins pertinente.

Julie Dremière et Myriam Hannachi indiquent également que, sur un message médiatisé, la collaboration avec un influenceur suscite moins de commentaires ou de questions d'internautes qui n'auraient rien à voir avec la communication. En effet, lorsqu'Allianz poste une publicité sur une plateforme avec des possibilités de réagir, certains clients profitent de cet espace de communication pour se plaindre alors que le sujet n'a parfois rien à voir avec la publicité en question. Le même contenu proposé avec un influenceur, même sur les réseaux de la marque, ne génère pas ces messages négatifs. Cela prouve que l'affinité de la marque avec sa cible se crée aussi via les influenceurs.

## TÉMOIGNAGE

**Fabien Sommer** | Senior Global Communication Project Manager chez Moët Hennessy

### Les 3 avantages du marketing d'influence pour la marque

**Accès à une audience**

La collaboration avec un influenceur donne accès à une audience souvent différente, forte et engagée, car elle parvient à toucher directement des cibles plus difficiles à atteindre pour la marque (plus féminine, plus sportive, etc.).

**Accès à un Talent**

Le créateur de contenu apporte de la créativité dans la communication – cela permet à la marque d'explorer de nouveaux territoires et de lui donner une nouvelle dimension. Il s'agit de ne pas imposer la vision de la marque mais de se nourrir de la créativité du Talent.

**Accès à une association d'image**

Le créateur de contenu est associé à des valeurs, une culture que l'on partage. Cela permet de rafraîchir l'image tout en étant rassuré sur les fondamentaux. Entre deux influenceurs qui ont la même audience, on choisit celui qui incarne le mieux la marque.

Pour conclure, la collaboration avec un influenceur introduit une évolution des marques, comme le témoigne Madeline Rimassa, Global Advocacy & Influence Manager à L'Oréal : « On comprend que l'influence est en train de remplacer le média traditionnel. Les créateurs de contenu vont peut-être sembler moins inspirationnels mais plus pertinents du point de vue émotionnel que ne le serait une célébrité. »

## Aller vers de nouveaux territoires d'expression

Pour Madeline Rimassa, travailler avec un influenceur permet d'assurer « l'incarnation de la marque et d'avoir un visage, notamment auprès d'une nouvelle cible plus éloignée (par exemple, pour une marque de soin quotidien, aller vers le skincare luxe) ». En termes d'image et d'incarnation, l'influenceur est plus impactant qu'une égérie ou une célébrité : « la proximité est recherchée par la jeune génération ». La marque peut aussi renforcer sa visibilité grâce aux influenceurs en « étant sur plusieurs plateformes et avec plusieurs influenceurs à un moment donné. Cela permet d'augmenter la répétition, la fréquence d'apparition pour faire du bruit et émerger. »

### Gagner en crédibilité

Madeline Rimassa privilégie la collaboration avec un influenceur qui a déjà créé de la confiance et de l'intérêt pour ses communications auprès d'une audience précise. Elle souligne qu'« être vu par une cible et avoir un discours qui semble crédible et intéressant coûte cher aux marques et prend du temps ».

### Améliorer l'impact de ses messages

Madeline Rimassa souligne qu'avec l'influence, « on amplifie l'effet de la recommandation par une personne de confiance (para-socialité) : c'est une bouche pour beaucoup d'oreilles. Pour les marques, le bouche à oreille (BAO) est très compliqué, demande du temps, de la stratégie et de l'excellence opérationnelle ». Par ailleurs, en collaborant avec différents influenceurs, la marque peut élargir sa cible : « on peut aussi avoir plusieurs voies pour toucher des gens différents et voir quelles sont les cibles qui ont le mieux fonctionné en termes d'engagement avec la marque. Enfin, on parvient à discuter avec les consommateurs que l'on cherche à atteindre depuis longtemps. »

### Enrichir son image

Madeline Rimassa considère par ailleurs qu'une vidéo permet de transmettre plus d'informations qu'un texte : « en une vidéo, on comprend tout de suite ce que fait le produit, c'est bien plus facile qu'avec du texte ». Elle y voit également une opportunité pour enrichir la représentation d'une marque : « avec la "Brand Face" (représentation physique) : on cherche une image beaucoup plus complexe (personnalité, intérêt, communautés) ». Désormais, on s'attarde moins sur la personne en elle-même et on recherche davantage l'audience intéressée par cet influenceur.

## Les risques de l'influence sur l'image de marque

Toute communication digitale comporte des risques et les marques courent toujours un risque d'un effet négatif d'une publicité. L'agence Newgo cite par exemple 5 risques clés de l'influence :

1. une baisse du taux d'engagement sur les réseaux sociaux, notamment du fait de la profusion du nombre d'influenceurs et de messages auxquels sont exposés les consommateurs ;
2. des contenus non authentiques avec des influenceurs qui mettent en avant des produits/services qu'ils ne connaissent pas, n'ont jamais testés voire qu'ils n'apprécient pas ;
3. le manque de transparence sur ses partenariats (bien que la loi évolue sur ce sujet) ;
4. les comportements déviants de certains influenceurs ;
5. le gonflement artificiel du nombre d'abonnés, même si les outils comme HypeAuditor ou Audit IG permettent de rechercher des « bots » (faux comptes) parmi les abonnés.

## AVIS D'EXPERTE

**Madeline Rimassa** | Global Advocacy & Influence Manager à L'Oréal

### Des points de vigilance pour limiter les risques

Le marketing d'influence – comme dans toute action de communication – présente quelques risques, notamment sur l'image. C'est à ce prix que la marque peut gagner en créativité. Les points de vigilance principaux :

- Veiller à ne pas avoir trop de collaborations : les créateurs deviennent eux-mêmes des espaces de publicité ; on s'approche d'une certaine saturation. Lorsqu'elle propose trop de promotions, la marque rompt le « contrat » de confiance noué avec ses consommateurs qui, alors, se désengagent. Les influenceurs, aimés pour leur dimension authentique et moins commerciale, sont les plus sollicités et courent alors le risque de la course à la collaboration.
- Prendre la responsabilité des contenus publiés : lorsqu'une marque laisse la main à un créateur sur les messages qu'elle souhaite véhiculer, il peut y avoir des débordements, voire de la désinformation. Malgré les briefs et les clarifications de la part des marques, il arrive que les influenceurs ne suivent pas exactement les demandes des marques (ex : ne pas rincer un produit visage, utiliser exactement les quantités prescrites, etc.). Également, si sa charge de travail est très intense, l'influenceur a moins de temps pour s'imprégner du discours de la marque.
- Bien sélectionner les influenceurs : les petits influenceurs (nano ou micro) ont souvent peu d'historique sur leurs performances, et l'on sait peu de choses sur leur vie. La question à se poser est de savoir si la marque doit travailler avec une personne qui, dans quelques mois, pourrait avoir des comportements ou prises de position problématiques. Le manque d'historique rend les choses plus complexes qu'avec les égéries.

Fabien Sommer estime que les risques peuvent être limités avec une bonne stratégie. Une campagne de promotion avec un influenceur rémunéré peut être bien cadrée grâce à une liste d'éléments incontournables à faire apparaître dans le brief, même si l'on ne vient pas imposer une vision unique. L'influenceur a ses habitudes, un style dans sa façon de travailler et de s'exprimer. Si le rendu fait trop « publicité classique », l'audience ne sera pas réceptive aux messages. Fabien Sommer précise les spécificités du marketing d'influence utilisant une rémunération non financière : « Quand c'est du "gifting" (fait d'offrir), on prend plus de risques sur la façon dont le produit est mis en avant (façon, moment, lieu de consommation) afin que le produit soit bien intégré dans le quotidien de l'influenceur, de façon très naturelle, avec une palette de possibilités de consommation. »

Léo Scattolari, expert en communication digitale, considère que « si l'image d'une marque est déjà très forte et positive, il y a moins de risque que les influenceurs en parlent mal et peu de risques que les posts génèrent des commentaires négatifs ». Par ailleurs, Léo Scattolari souligne que, même si « c'est un peu l'image de marque qui s'exprime avec les influenceurs », le côté éphémère des réseaux sociaux et la multiplicité des communications permettent de limiter les conséquences négatives d'un post : « Ce n'est pas non plus une catastrophe si on n'est pas exactement aligné. »

Pour Claire Mariat, des entités de l'agence de communication peuvent fournir aux marques des solutions concrètes pour limiter les risques et anticiper les crises potentielles, telles que :

- « l'évaluation des risques de la campagne ;
- la vérification approfondie des influenceurs pour déceler les signaux d'alarme ;
- la catégorisation des risques selon l'ampleur ;
- la conformité de la création et du contenu aux normes éthiques et juridiques ;
- un processus de triage et d'escalade pour atténuer rapidement les problèmes ;

– la mise à disposition d'un manuel de gestion préventive et de réponses pour des scénarios potentiels ;
– l'intégration et la gestion des influenceurs dès le début de la relation ;
– la surveillance des problèmes ainsi qu'une équipe dédiée, prête à agir rapidement en cas de crise ;
– la révision créative et l'adaptation du contenu pour assurer la sécurité des influenceurs et de la marque ;
– la planification et l'activation des relations publics hors des médias sociaux. »

## Gestion du marketing d'influence dans l'entreprise

Il est important de développer une gestion bien structurée et claire de la collaboration avec des influenceurs afin de limiter les risques lorsqu'un influenceur incarne la marque et endosse un produit. Il convient de bien définir qui, dans les équipes marketing et/ou communication, est responsable de l'orchestration et du suivi des performances du marketing d'influence. Pour la marque Allianz, « Il faut aussi internaliser certaines ressources et s'appuyer sur des spécialistes des médias sociaux en interne qui peuvent obtenir des budgets. Cela demande du temps pour démontrer que l'on a des résultats afin d'obtenir de plus en plus de budget en interne. »

## CAS D'ENTREPRISES

### Les processus de collaboration

#### Groupe L'Oréal, une orchestration globale

Forte de son expérience à L'Oréal, Madeline Rimassa met en place une orchestration au global de l'influence avec des déclinaisons gérées par les équipes marketing locales.

« C'est l'équipe globale qui chapeaute la stratégie de communication incluant les actions de marketing d'influence. La stratégie définie est envoyée ensuite aux zones (les chefs d'orchestre) qui envoient aux marchés (musiciens qui choisissent qui va interpréter la partition). Les directives stratégiques permettent de cadrer le type d'influenceur qui peut incarner la marque, mais le casting se fait ensuite en local (selon le produit, l'audience, l'engagement, les médias sociaux qu'il investit). On cherche d'abord la communauté, puis un influenceur en particulier car c'est au niveau local que l'on choisit. Les relations avec les influenceurs sont gérées avec des agences locales qui les briefent, suivent leur contenus et les rémunèrent.

#### Groupe Accor, entre internalisation et externalisation

D'après Julie Dremière et Myriam Hannachi, l'entreprise a mis en place une structure interne assez poussée pour gérer le marketing d'influence. Une partie de la gestion est centralisée pour définir ce que doit être l'influence pour le groupe, et une autre partie est décentralisée pour mettre en place des actions par marque (territoire d'influence). En termes organisationnels, cela permet une cohérence d'ensemble tout en s'adaptant aux spécificités locales.

#### Groupe Bel, entre brand managers et spécialistes

Toujours selon Julie Dremière et Myriam Hannachi, le groupe possède un département influence centralisé, travaillant avec chacune des marques de façon très proche afin de développer des opérations ad hoc avec une acculturation des responsables de marque. Les brand managers ne sont pas forcément des spécialistes de l'influence, mais l'équipe influence centrale coache tous les brands managers dans leurs opérations quotidiennes. Cela permet d'assurer que des choix pertinents et contrôlés sont réalisés afin de choisir les influenceurs avec des indicateurs clés de performance (KPI) communs au groupe.

## *L'ESSENTIEL*

- Pour les marques, la collaboration avec un influenceur permet de toucher une cible précise, parfois difficile à atteindre, avec un message crédible et suscitant l'engagement.
- Un partenariat réussi entre une marque et un influenceur passe par la confiance mutuelle, un cadre contractuel avec des objectifs précis et une certaine souplesse dans l'exécution.
- L'influenceur n'est pas un simple relais passif des messages proposés par une marque : il est co-auteur d'un discours, ce qui assure l'originalité de sa prise de parole mais peut aussi représenter un risque pour la marque.
- L'enjeu est aussi organisationnel pour la marque, en ce qu'il est important de s'assurer que des experts internes ou externes prennent en main la gestion du marketing d'influence.

# Chapitre 8
# L'intégration de l'influence dans la stratégie de marque

## *Executive summary*

- **Le marketing d'influence** doit s'intégrer dans le cadre global de la stratégie de communication d'une marque.
- **Les facteurs clés** de succès sont liés au fait de bien définir ses cibles à atteindre, les profils d'influenceurs recherchés, la planification des campagnes tout au long de l'année et les indicateurs de performance.
- **La marque** doit définir le meilleur équilibre entre le contrôle de son discours qui doit rester cohérent et la nécessaire liberté laissée aux influenceurs.

## Lancer une collaboration avec un influenceur

Développer une relation de confiance entre la marque et l'influenceur est un élément clé dans la réussite de la collaboration. Au-delà d'une simple transaction, il s'agit de bâtir un partenariat mutuellement bénéfique, qui peut être durable et permettre une relation privilégiée au fil du temps.

### AVIS D'EXPERTE

**Claire Mariat** | directrice ajointe relations publics et influence à Ogilvy Paris

**Donner de la liberté créative**

Comme dans toute stratégie de communication, le premier temps est celui de la définition de l'objectif et de la cible d'audience, puis de la compréhension du contexte.

Une fois ces éléments posés, une bonne stratégie d'influence résidera dans le choix des créateurs avec lesquels collaborer mais aussi, et surtout, dans l'espace de liberté qui leur sera donné. C'est la phase la plus complexe pour les marques qui ont tendance à vouloir dupliquer sur les comptes des influenceurs partenaires leurs campagnes marketing, et donc à codifier la communication, alors qu'une campagne cocréée avec un créateur sera plus efficace et engageante. En effet, le créateur est le mieux placé pour savoir comment son audience réagit et ce qui va retenir l'attention.

Selon l'Union des Marques, dans la phase de sélection des influenceurs, les marques peuvent s'interroger sur le fait de savoir jusqu'où la marque doit aller dans l'analyse du profil d'un influenceur et ce que l'on accepte ou non dans ses contenus passés. « Avant de solliciter un influenceur, il est essentiel de comprendre son positionnement, le type de contenu qu'il propose, ses valeurs et les attentes de son public. Cela passe par la lecture des publications et le visionnage des vidéos afin de se familiariser avec son style ». La collecte d'informations sur l'influenceur permet de personnaliser la prise de contact en créant un message qui reflète une recherche approfondie sur l'influenceur et ses collaborations passées. Par exemple, une marque doit s'interroger sur ce qui est acceptable ou pas dans le profil d'un influenceur. « Qu'est ce qui a été posté ? Quels sont les propos qui ont été tenus ? Avec quelle marque l'influenceur a déjà collaboré ? ». La vérification assure une relation de confiance qui permet de laisser de la liberté tout en limitant les risques. L'Union des Marques recommande de privilégier « des influenceurs qui ont été formés sur la déontologie. L'Observatoire de l'Influence Responsable de l'ARPP propose des certificats que les marques peuvent exiger. Les influenceurs certifiés sont ainsi considérés comme des professionnels qui comprennent les bonnes pratiques. La culture d'entreprise joue aussi sur la façon de collaborer avec des influenceurs. En fonction de la volonté de la marque de s'aventurer sur de nouveaux territoires, la façon de sélectionner et de collaborer avec un influenceur est très différente. »

Une fois la sélection réalisée, la personnalisation lors de l'approche est une étape cruciale lorsqu'une marque souhaite établir une relation avec un influenceur. Les influenceurs, notamment ceux qui sont connus et suivis par une grosse communauté, reçoivent souvent de nombreuses propositions. Dès lors, un message générique risque d'être ignoré. La clé est donc de se démarquer en montrant un véritable intérêt pour le travail d'un influenceur et en établissant une connexion authentique. En mentionnant des éléments spécifiques, tels qu'une campagne récente, la marque démontre une vraie connaissance de l'univers d'un influenceur et une valorisation de son travail. Cela permet de maximiser les chances d'obtenir une réponse positive. Par ailleurs, lors des premiers échanges, il est essentiel de rester sincère et transparent dans l'approche, en équilibrant les apports mutuels d'une collaboration qui doit être gagnant/gagnant. Enfin, rencontrer personnellement l'influenceur permet de créer une relation plus personnelle et de montrer que la marque ne considère pas l'influenceur seulement comme un simple levier marketing mais plutôt comme un partenaire à part entière.

En parallèle, il est essentiel de souligner pourquoi la collaboration serait bénéfique pour les deux parties. Par exemple, si l'influenceur est sensible à des thématiques liées à la durabilité et qu'une marque est engagée dans une démarche écologique, il est pertinent de souligner cette cohérence qui renforcera l'expertise et le positionnement perçu de l'influenceur auprès de sa communauté. La communication doit être claire et transparente en précisant les attentes mutuelles, le type de contenu souhaité et les conditions tarifaires. Une communication ouverte évite toutes formes de malentendus et permettra une collaboration harmonieuse. Dans le cas du partenariat commercial, un contrat doit être signé.

Traiter l'influenceur en égal, être à l'écoute de ses attentes, faire appel à son expertise et à sa connaissance de sa communauté, valoriser ses propositions créatives quant au contenu à créer, honorer les clauses du contrat, proposer une compensation juste et partager le contenu de l'influenceur même après la campagne initiale, incitera celui-ci à maintenir le contact avec une marque pour des collaborations futures.

La publication du contenu ne marque pas la fin de la campagne. Il est essentiel de suivre en temps réel les résultats obtenus pour évaluer la performance de la campagne. Plusieurs indicateurs permettent de mesurer le succès d'une collaboration entre une marque et un influenceur. À l'issue de la campagne, il est nécessaire de prendre du recul pour analyser avec l'influenceur ce qui a fonctionné et ce qui pourrait être amélioré de façon constructive.

La réussite d'une campagne de promotion d'une marque par un influenceur repose ainsi sur une stratégie bien définie, une sélection rigoureuse de l'influenceur et une exécution maîtrisée. En suivant ces étapes clés – de la définition des objectifs à l'analyse des performances – les marques peuvent s'appuyer sur la portée et l'authenticité des influenceurs pour renforcer leur relation avec leurs publics cibles de manière efficace et engageante.

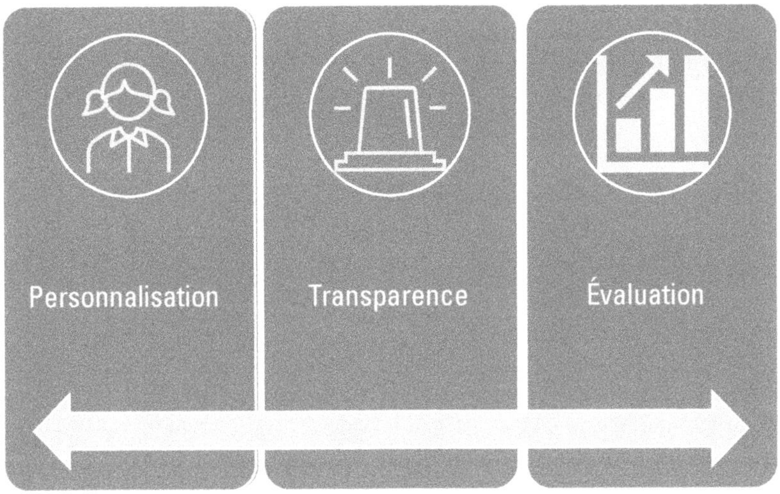


*Figure 3 – Les facteurs clés de la collaboration marque-influenceur*

## Conduire une campagne d'influence étape par étape

### AVIS D'EXPERTE

**Marion Min** | directrice générale et associée de l'agence LEADIST

#### Mettre en place une collaboration par étape

Chaque agence de communication a développé sa propre approche au moment où le secteur s'est développé. Chez LEADIST, notre objectif est de rassurer les marques sur les processus et les performances, c'est pourquoi nous utilisons une technologie faite pour les agences ainsi qu'une méthodologie proche de celle des autres moyens de communication.

Marion Min souligne ici que des étapes sont incontournables pour mener au mieux sa campagne d'influence, tel qu'illustré par le schéma ci-après.

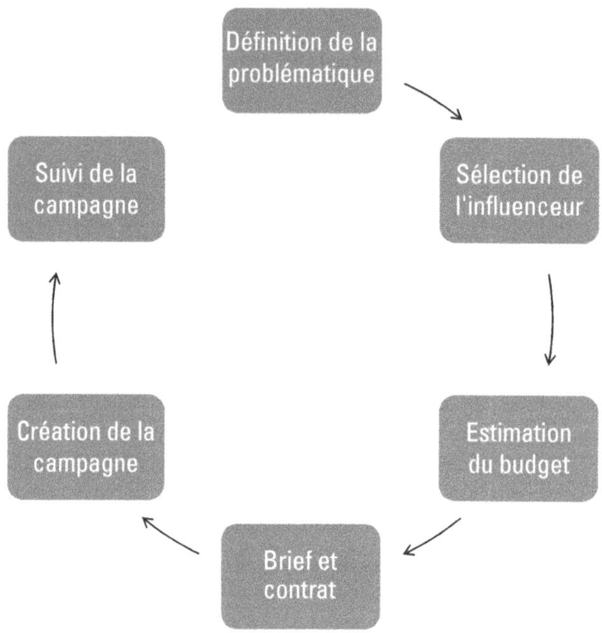


*Figure 4 – Les étapes d'une campagne de marketing d'influence*

## Étape 1 : définir la problématique

Le lancement d'un projet se traduit, d'après Marion Min, par le fait qu'« un annonceur ou une agence média (ça peut être une grosse agence média qui est moins spécialisée sur l'influence) vient nous voir avec un projet de communication ou une problématique (brief plus ou moins établi) ». L'agence propose alors « un tout premier concept créatif pour que le client puisse se projeter pour visualiser ce à quoi va ressembler la campagne, en répondant à des questions telles que : "Quelle sera l'histoire que l'on va raconter dans les Reels/Stories ? Est-ce qu'il y a un challenge ?" ». L'agence propose également des profils type qui correspondent au concept créatif et pourront évoluer car, comme le souligne Marion Min, « il est essentiel de montrer à quoi la campagne va ressembler, comment on peut répondre à la problématique donnée avec l'influence, et d'expliquer en quoi l'approche est spécifique par rapport à d'autres outils de communication ».

### Étape 2 : choisir l'influenceur

Marion Min indique que la seconde étape pour construire une campagne d'influence est d'affiner le choix des créateurs de contenu : « On a accès aux profils des créateurs de contenu (statistiques, thèmes/centres d'intérêt type sport/voyage/musique/luxe, profil de la communauté = âge, genres, etc.) et on peut faire un contrôle qualité (taux de faux comptes sur la communauté ; communauté ancienne ; taux d'engagement ; compte affiliés Instagram, TikTok, YouTube). On vérifie le taux de population locale (par ex. pour la Belgique, on vérifie si la communauté est exclusivement en France ou non) ». Marion Min rappelle qu'il y a aussi un aspect légal à respecter « en matière d'influence et en matière sectoriel. Par exemple, dans le cas de la Loterie nationale, il faudra vérifier que l'influenceur n'a jamais eu d'addiction au jeu et n'a pas une communauté trop jeune ». Parfois, les marques ont des demandes très pointues, telles qu'un « incubateur de petites sociétés qui veut faire une mise en avant d'influenceurs niche en *upcycling* (recyclage). On est ici sur des petits profils mais très ciblés, donc hyper qualitatif. »

### Étape 3 : estimer le budget

Marion Min considère le point financier comme complexe mais incontournable. « Nous définissons un budget avec une base minimum et une audience garantie (cumul des communautés des influenceurs validés), sur une base minimale de x créations de contenu au total (mais pas nécessairement avec un détail par influenceur). » Elle indique qu'il est préférable de ne pas faire un calcul par influenceur, mais plutôt par campagne car « cela apporte de la flexibilité sur le choix des influenceurs que l'on va choisir de tailles différentes, tant que ça rentre dans l'audience ». Elle rappelle aussi qu'il est « essentiel que la marque accepte de rémunérer correctement le créateur de contenu et de façon transparente (dans notre cas le créateur reçoit 60 % du budget) pour assurer une relation de confiance ».

### Étape 4 : briefer l'influenceur

Pour Marion Min le brief est le fil conducteur d'une campagne. Il doit contenir des instructions précises tout en laissant suffisamment de liberté à l'influenceur pour exprimer sa créativité : « il inclut généralement le message clé à faire passer, les éléments de marque à utiliser ainsi que les formats de publication attendus (photos, vidéos, Stories, etc.). Un calendrier de publication est également défini à cette étape, avec des moments précis pour publier du contenu sur des plateformes définies. » Pour Marion Min, il est crucial que l'influenceur ait une compréhension claire des attentes et du positionnement de la marque « pour les respecter tout en conservant la liberté de parler à sa communauté de manière authentique ». Elle rappelle que le brief est un cadre pour la créativité, et que la communication est primordiale pour s'assurer que les contenus reflètent bien les attentes initiales tout en respectant l'univers de l'influenceur. « On donne une problématique avec ce qui est important pour la marque. Si on est trop vague, on risque de ne pas répondre à l'attente de l'annonceur ce qui va demander de refaire et créer de la frustration. » À partir de là, le créateur de contenu reste libre sur sa communication.

**Exemple : Déclinaison d'un brief de marque**

L'agence de Marion Min a coordonné une campagne de promotion, en collaboration avec des influenceurs, pour une marque de boisson à l'orange en sachet facile d'utilisation. « On a proposé d'introduire la boisson dans le quotidien d'une famille (parents-enfants) et de montrer l'aspect pratique de l'emballage ». L'agence a décliné sa proposition sur plusieurs campagnes. L'une d'entre elles se déroulait ainsi :

1. « On explique dans un premier temps que les parents créent un parcours appartement/jardin avec une chasse au trésor pour trouver le goûter.
2. Une fois que le trésor est découvert, on montre le goûter dans lequel on va trouver le jus.

Le créateur peut proposer des variantes : en vacances, par exemple, ou au parc d'attractions en famille. »

## Étape 5 : lancer la campagne

Marion Min indique que le moment choisi pour chaque publication joue un rôle clé dans la réussite de l'opération. « Publier au bon moment, en fonction des habitudes de consommation de la communauté cible, peut maximiser la visibilité du contenu. Par ailleurs, pour amplifier l'impact de la campagne, la marque peut également relayer le contenu de l'influenceur sur ses propres réseaux sociaux, site Web ou newsletters. L'influenceur, quant à lui, peut encourager son audience à interagir en temps réel via des réponses aux commentaires ou même en organisant des sessions *live* pour promouvoir davantage le produit. »

## Étape 6 : suivre la campagne

Marion Min précise que l'agence doit suivre toute la campagne en pleine transparence avec le client, soit « tous les contenus créés dans le cadre de la campagne, en détaillant :

- les impressions ;
- le Reach (cf. Fiche Pratique Chapitre 12) ;
- le taux engagement (*likes*, commentaires, enregistrements).

Mais également en :

- calculant des ratios qui permettent de comparer les influenceurs entre eux ;
- vérifiant les commentaires ou en répondant à des questions qui reviennent souvent ;
- proposant des idées/points d'amélioration pour de futures campagnes. »

En général, l'agence s'engage sur l'audience de base mais pas sur des taux d'engagement. « On peut faire des estimations pour le client. Si le taux d'engagement est plus faible que d'habitude on va échanger avec le client pour améliorer à l'avenir mais on ne va pas remettre en question le travail de l'influenceur. »

De nombreuses marques font appel à des agences de communication pour les accompagner sur ces différentes étapes d'une campagne d'influence.

## S'appuyer sur une agence de communication

Comme le soulignent Julie Dremière et Myriam Hannachi du groupe Allianz, « aujourd'hui, les influenceurs sont si nombreux qu'il est difficile pour une marque de rechercher seules ses influenceurs et de faire tout le travail de vérification des profils par elle-même. Une agence peut venir avec des premières propositions de profils d'influenceurs pour se projeter, mais le choix peut ensuite changer en fonction des influenceurs qui sont disponibles, qui acceptent le projet dans les conditions proposées et qui passent les vérifications de e-réputation via une agence de veille/gestion de crise. »

Pour Fabien Sommer, les agences et agents vont permettre de mieux sélectionner les influenceurs et d'adapter le profil aux objectifs de la marque. Fabien Sommer rappelle qu'il s'agit notamment, grâce aux agences « d'avoir accès à des données précises sur les créateurs de contenu (nombre de personnes qui ont partagé les contenus, nombre d'abonnés, nombres de vues), que l'on ne pourrait pas aussi bien récupérer par nous-mêmes ». Ensuite, la marque fait une sélection en fonction du profil de l'influenceur « leur image, valeurs, à quoi on aimerait s'associer » et des objectifs de la campagne.

Selon Fabien Sommer les objectifs principaux tournent autour de la créativité ou de la visibilité sur les réseaux sociaux : « si l'on cherche une audience ciblée et de la créativité, on peut plutôt aller vers un micro-influenceur qui a une communauté très engagée et va nous aider en termes d'image et de storytelling. Si l'on cherche juste une large visibilité, on va chercher une célébrité. Par exemple, si l'on crée un nouveau produit et qu'on veut le faire connaître, il faut chercher un artiste ou un sportif pour se faire repérer par leurs fans. Si l'on cherche une expertise, on va davantage travailler au niveau local avec des experts reconnus/implantés localement, spécialistes des spiritueux et des cocktails par exemple. »

Pour Fabien Sommer, une agence peut aussi aider à repérer des influenceurs qui « sont à l'aise avec le fait de se mettre en scène ; qui sont de bons acteurs pour jouer les premiers rôles » ou des profils créatifs. « Par exemple, pour une collection spéciale où il y a un travail sur le design de la bouteille, la collaboration avec un influenceur d'art va donner de la crédibilité et enrichir l'association avec l'art et la mode. En complément, la marque travaille avec des influenceurs qui vont promouvoir la bouteille sur leurs réseaux et apporter de l'audience. Ainsi, on recherche le savoir-faire et la créativité d'un artiste pour créer quelque chose, et pour que son travail soit complété par des micro-influenceurs qui apporteront de la visibilité auprès de plusieurs audiences. »

## CAS D'ENTREPRISE

### Tinder, les étapes clés de la collaboration

Anne-Sophie Adésir détaille 2 étapes clés dans ses collaborations avec les agences de communication sur les campagnes de marketing d'influence.

1) Discuter le brief et la proposition

La marque définit le brief à l'agence et participe à la sélection des influenceurs. « Nous précisons les attentes pour la communication en termes d'émotions à transmettre et de thèmes à évoquer. La sélection de l'influenceur peut venir de nos équipes en interne ou de l'agence de communication. Nous laissons la porte ouverte à l'agence pour faire des propositions de talents qui conviennent pour le brief. » L'agence de publicité peut recommander des talents qu'elle connaît : « c'est un travail qui est commun. On peut aussi proposer des Talents qui peuvent avoir des petits profils mais dont les vidéos organiques marchent très bien en termes de vues et de commentaires. » Une fois que l'agence arrive avec des propositions, les équipes internes discutent pour finaliser le choix : « nous avons un long échange avec l'agence pour bien choisir le Talent. Au-delà des performances, on va discuter de ses passions, de sa communauté, de son style, etc. ». Anne-Sophie Adésir indique également qu'il est important de bien expliquer aux influenceurs les attentes de la marque. « La clé est de prendre le temps, après le brief et la proposition, de rencontrer chaque Talent pour lui expliquer pourquoi on l'a choisi, quel est son rôle et qu'il faut qu'il exploite son potentiel créatif. Par ailleurs, la possibilité de procéder à un renforcement de la visibilité des communications est discutée, notamment « l'amplification du message, en donnant de la visibilité aux posts d'un influenceur qui a une petite communauté mais qui est très créatif ».

2) Guider l'influenceur

Anne-Sophie Adésir explique qu'« après avoir sélectionné l'influenceur, l'agence revient vers nous avec une proposition créative incluant le contenu du message, la mécanique de recrutement, l'histoire et les formats (par exemple un Reel) ainsi qu'un nombre de jours de production avec les Talents ». Dans la relation avec les agences et les Talents, Anne-Sophie Adésir souhaite faire peu d'allers-retours :

« nous prenons du temps en amont afin que la relation soit fluide au moment de la mise en œuvre et que notre agence puisse discuter directement avec les influenceurs. » Elle souligne par ailleurs l'importance, pour une « agence de communication, de ne pas gérer directement des influenceurs (en tant qu'agent) pour éviter tout biais dans la sélection ».

Le rôle des agences dans l'accompagnement des marques et des influenceurs est clé selon Raphael Demnard. Cependant, ce dernier déplore que certaines marques contactent directement des Talents pour collaborer avec eux en croyant que « c'est assez facile et/ou similaire à une campagne de relations publics », alors que c'est un exercice particulier et complexe. « Si trouver des influenceurs sur une plateforme se fait assez facilement, il est ensuite plus difficile de savoir comment la marque peut le contacter, définir un contrat, rédiger un brief et mesurer les résultats. Cela prend beaucoup de temps de bien sélectionner et suivre les influenceurs. Et ça ne peut pas être délégué à une personne sans expérience qui ne va pas bien savoir comment bien collaborer avec un influenceur. »

Pour Raphaël Demnard, l'agence bénéficie aujourd'hui d'un « regain d'intérêt de la part des marques qui souhaitent s'appuyer davantage sur des agences et des intermédiaires dans tous les domaines ». Par ailleurs, il souligne que « les décisionnaires chez l'annonceur ne sont pas forcément sur les réseaux sociaux » et les agences peuvent aussi apporter des connaissances complémentaires : « on peut élargir les services en analysant ce que font d'autres marques en matière d'influence (quelles collaborations avec quelles performances). Ainsi, une marque qui ne sait pas comment aborder l'influence peut savoir ce qui se fait dans son secteur d'activité. »

## L'ESSENTIEL

- Le lancement d'une collaboration avec un influenceur demande une démarche stratégique de la part des marques. Il faut suivre une liste d'étapes clés allant de la définition claire de ses objectifs de communication à la mesure de la performance.
- Une agence de communication peut jouer un rôle efficace d'intermédiaire afin d'aider les marques à bien sélectionner et guider l'influenceur, mais aussi pour aider les influenceurs à comprendre les attentes de la marque afin d'y répondre de façon satisfaisante.
- Il s'agit de savoir dans quelle mesure la marque et l'influenceur ont une confiance et une compréhension mutuelle pour pérenniser la relation.

# Chapitre 9
# Le développement des relations marques-influenceurs

## *Executive summary*


- **Construire** des relations durables et qualitatives avec les influenceurs demande de connaître leur ligne éditoriale, leur communauté, et leurs pratiques pour proposer une collaboration personnalisée.
- **Les marques** doivent adopter une posture d'écoute et ne pas instrumentaliser les créateurs.
- **Le choix** du bon influenceur dépend des objectifs (notoriété, conversion, engagement) mais aussi de l'adéquation culturelle.
- **Comment** une relation vertueuse peut se construire entre un influenceur et une marque ?

## Choisir le bon influenceur selon ses objectifs de marque

### AVIS D'EXPERTE

**Claire Mariat** | directrice ajointe relations publics et influence à Ogilvy Paris

#### Trouver les bons profils d'influenceurs

C'est l'une des étapes les plus importantes et difficile pour assurer le succès d'une campagne de marketing d'influence. La plus grosse source d'inquiétude pour les marques réside dans le choix de bons créateurs : « les marques ont conscience que leur réputation est liée à celle d'un tiers. Elles prennent un gros risque en s'associant à une personnalité/un créateur et ont besoin d'être rassurées sur leurs choix ». En fonction des marchés et des secteurs, les risques ne sont pas les mêmes mais tous s'accordent sur un contexte compliqué, « de plus en plus crisogène, où la rapidité de la transmission de l'information intensifie encore les risques. »

Si avoir un grand nombre d'abonnés peut sembler être un facteur décisif, l'engagement de sa communauté (qui se manifeste au travers des partages, commentaires, *likes*, vues et clics) et la crédibilité de l'influenceur sont des indicateurs clés sur l'influence réelle d'une personne. « Un influenceur avec une audience moindre mais relativement plus engagée, peut souvent créer un impact plus significatif. Il est aussi essentiel de savoir analyser les abonnés qui composent l'audience de l'influenceur. Cela peut inclure des données démographiques intéressantes telles que l'âge, le genre, la géolocalisation, les centres d'intérêt, etc. »

Un autre critère souvent utilisé par les marques est la thématique spécifique sur laquelle se positionne l'influenceur et qui intéresse son audience. Que ce soit la mode, la beauté, le high-tech, le fitness ou la photographie de paysage, chaque influenceur attire une audience intéressée par un sujet précis. Cela permet aux marques de cibler très précisément leur message pour qu'il soit aligné avec les centres d'intérêt et pertinent pour la communauté de l'influenceur.

**Conseil de Julie Dremière et Myriam Hannachi du groupe Allianz : Surveiller sa e-réputation**

Il faut surveiller sa e-réputation et être très vigilant sur la sélection des intermédiaires. On donne son image de marque à une personne externe, il faut donc s'assurer que le message sera bien perçu et que la personne va bien représenter la marque. Pour aller plus loin que les caractéristiques démographiques ou des thèmes de prédilection, la segmentation des influenceurs peut prendre en compte des dimensions psychologiques. Par exemple, certains influenceurs ont des réticences à s'associer aux marques et voient dans les collaborations un passage obligé mais non gratifiant, pour que leur activité d'influenceur soit suffisamment rémunératrice. D'autres influenceurs considèrent au contraire que les partenariats avec des marques sont au cœur de leur activité, leur apportent de la connaissance, de la légitimité et répondent aux attentes de leur audience. Il s'agit donc pour les marques de savoir différencier les profils d'influenceurs selon leurs motivations à collaborer, et d'ajuster leur stratégie en conséquence.

## AVIS D'EXPERTE

**Claire Mariat** | directrice ajointe relations publics et influence à Ogilvy Paris

### Les critères de sélection de l'agence

L'agence propose des critères de sélection qui vont assigner à chaque influenceur un score d'impact. Ces critères peuvent concerner :

- l'engagement ;
- la transparence ;
- l'impact social et environnemental, etc.

Ils permettent aux marques d'identifier les influenceurs dont les valeurs convergent avec celles de la marque. La transparence et l'engagement sont des éléments clés à une époque où les consommateurs sont de plus en plus sceptiques. La crédibilité d'un influenceur repose souvent sur son expertise perçue, son degré de transparence dans ses communications et une capacité à reconnaître ses erreurs. Par ailleurs, l'alignement des valeurs est clé.

Plus la collaboration entre une marque et l'influenceur semblera évidente et naturelle, plus la campagne sera performante. Il faut donc analyser la ligne éditoriale de l'influenceur afin de déterminer si la collaboration est bien en accord avec l'image de marque de l'entreprise pour ne pas créer de dissonance. L'apparence visuelle du contenu de l'influenceur doit être en harmonie avec l'identité de la marque pour garantir une transition fluide et naturelle vers les promotions.

Pour collaborer efficacement avec un influenceur, il convient de travailler sur des bases saines et dans un cadre qui soit mutuellement bénéfique. Pour ce faire, il est indispensable de bien comprendre la perspective de l'influenceur qui a ses propres principes, objectifs et centres d'intérêt, ainsi que son modèle de revenus. En effet, certains font de l'activité d'influenceur un métier auquel ils consacrent l'essentiel de leurs journées, tandis qu'il peut s'agir d'une activité annexe pour d'autres, autour d'un hobby ou du fait de tester des nouveaux produits, à laquelle ils ne consacrent qu'une petite partie de leur temps. Dès lors, les besoins de financement de l'activité et donc l'intérêt pour des collaborations avec une marque ne sont pas les mêmes. Des créateurs de contenu peuvent vouloir préserver leur liberté créative et ne souhaitent pas qu'un discours de marque soit inséré dans leur contenu, préférant limiter les messages promotionnels pour garder le contrôle sur tout ce qui est publié sur leurs espaces.

Le degré de contrôle est un point crucial dans la relation, et il s'agit donc de trouver le bon équilibre entre le respect du discours de marque et le risque d'intrusion dans l'espace de l'influenceur, au risque de perdre en authenticité et en audience. Il convient de reconnaître la flexibilité créative et le fait que l'influenceur connaît sa communauté mieux que quiconque et sait comment lui parler. Permettre à l'influenceur d'adapter le message de la marque selon le style personnel d'un influenceur permet à un message de résonner auprès de sa communauté. Trop de contrôle de la part de la marque peut rendre le message artificiel et risquer de désengager l'audience de l'influenceur. Au contraire, offrir une liberté créative permet à l'influenceur de s'approprier le message de manière organique, ce qui rend la collaboration plus fluide et naturelle. Par exemple l'influenceur peut vouloir choisir ses messages textuels et visuels lui-même parce qu'il connaît mieux sa communauté. Si la marque a moins de contrôle sur la communication elle peut paraître plus authentique. Cela ne signifie pas de perdre tout droit de regard des marketers qui sont garants de la protection de l'image de marque et de la pertinence des contenus qui y sont associés.

## AVIS D'EXPERTE

**Anne-Sophie Adésir** | directrice marketing de Tinder France

### Diversifier les profils

Pour Anne-Sophie Adésir, la sélection des influenceurs est réalisée en cohérence avec la stratégie de la marque qui cible des profils de clients très divers. Ainsi, Tinder collabore avec beaucoup de talents différents pour refléter la diversité de l'audience de la marque. « La diversité des profils de notre audience rend la communication complexe car nous ne pouvons pas avoir un seul message pour tous. Le fait de travailler avec différents influenceurs qui ont des identités très distinctes permet à la marque de prendre la parole de façon très personnalisée auprès de chaque cible, sans pour autant rendre incompréhensible le positionnement de la marque. » Tinder ne s'intéresse pas uniquement aux influenceurs célibataires, mais cherche plutôt à refléter la diversité des situations : « à la fin, le tableau proposé par l'ensemble des influenceurs est représentatif de notre audience ».

Anne-Sophie Adésir souligne également que le partage d'expérience personnelle par des influenceurs est essentiel pour mettre en scène la communication, en ce que « les influenceurs permettent d'incarner les messages, de les rendre plus concrets et d'apporter de la proximité avec la cible ».

De là vient l'importance de l'alignement des valeurs entre la marque et les influenceurs, comme le souligne Anne-Sophie Adésir : « le ton, l'ADN et le positionnement de l'influenceur doivent être adaptés. Nous fonctionnons beaucoup au coup de cœur ». Chaque campagne marketing est unique pour Tinder ; « il est possible de tout réinventer et de travailler avec un groupe d'influenceurs nouveaux ». Le choix du profil d'un nouvel influenceur doit ainsi correspondre au produit ou service promu : « pour communiquer sur une nouvelle fonctionnalité technique, comme "share my date", l'agence peut rechercher un Talent qui sait parler technique et sécurité ».

Par ailleurs, Anne-Sophie Adésir souligne que dans la sélection des influenceurs, la marque souhaite intégrer un critère autour de l'inclusion, car « les Talents sont des porte-parole de la marque (avant et après la campagne) », et un critère autour de l'exemplarité : « nous sommes très vigilants en ce qui concerne les comportements des influenceurs avec lesquels nous collaborons, et nous évitons de travailler avec des influenceurs qui ont eu des modérations incessantes de leurs contenus ».

Enfin, Anne-Sophie Adésir considère qu'il est primordial de développer des projets dans lesquels les Talents sont valorisés pour leur créativité : « nous faisons attention à mettre en œuvre des campagnes avec des briefs peu directifs pour que les influenceurs exploitent leur identité créative et évitent de proposer des formats vus et revus ». Elle souligne que la collaboration avec des influenceurs a aussi pour objectif d'enrichir les propositions créatives : « Tinder va chercher, avec l'influence, à se différencier de ses concurrents en réinventant les codes de la rencontre. Par exemple, certains influenceurs peuvent avoir une perspective plutôt technique sur l'application en parlant des fonctionnalités, alors que d'autres influenceurs vont avoir une perspective humoristique en mettant en avant des situations drôles qui peuvent se produire en utilisant l'application. »

## Assurer la qualité de la relation marque-influenceur

Le marketing d'influence offre une flexibilité dans la manière dont les marques collaborent avec les influenceurs. Cependant, au lieu de voir chaque collaboration comme un échange et une transaction ponctuelle, le partenariat sur le long terme permet de construire la confiance et la compréhension réciproque au fil des mois et années. Lorsque les deux parties tirent des avantages concrets de la collaboration, qu'il s'agisse de visibilité, d'engagement ou de valeurs partagées, la relation devient plus solide et durable.

Une marque peut être tentée d'enchaîner des collaborations avec des influenceurs en choisissant ceux qui sont les plus pertinents par rapport aux objectifs du moment afin de maximiser ses résultats sur chacune des campagnes de communication.

### AVIS D'EXPERTE

**Madeline Rimassa** | Global Advocacy & Influence Manager à L'Oréal

#### Le rythme de la relation marque-influenceur

Il est essentiel de privilégier au maximum des contrats annuels avec 3 à 4 contenus par an. C'est ce que recherchent aussi les influenceurs : une relation sécurisée sur le long terme. Cela nous arrange car une fois qu'on a accordé notre confiance, il n'y a pas de raison de changer. Cependant, il peut y avoir des cas où il est important pour la marque de revoir ses collaborations si elle a besoin de se repositionner. Il lui faut alors changer d'influenceur.

La marque peut voir un intérêt à penser une campagne de marketing d'influence par rapport à une stratégie d'image ou d'engagement d'une audience sur le long terme, avec des influenceurs peut-être plus petits mais plus engagés, créant une réelle proximité avec un petit cercle d'influenceurs et fidélisant ainsi leur audience.

Selon ses objectifs, on choisira une approche à plus ou moins long terme, comme présenté dans le tableau 9.1 ci-dessous.

Tableau 9.1 – Collaborations éphémères ou durables avec un influenceur

| Collaborations à long terme | Campagnes ponctuelles |
|---|---|
| Relation solide : une collaboration continue permet de construire une relation de confiance solide entre la marque et l'influenceur. | Flexibilité : les marques peuvent collaborer avec différents influenceurs selon les besoins de la campagne ou du produit. |
| Cohérence du message : les messages et promotions sont plus cohérents et alignés sur les valeurs de la marque. | Budget contrôlé : les coûts sont généralement définis à l'avance et sont limités à la durée de la campagne. |
| Meilleur ROI : les collaborations à long terme peuvent offrir un meilleur retour sur investissement, car l'influenceur devient un ambassadeur de la marque. | Réactivité : les marques peuvent rapidement lancer des campagnes en réponse à des tendances émergentes ou des événements spécifiques. |
| Les marques bénéficient d'un *feedback* constant et peuvent ajuster leurs stratégies en conséquence. | Données sur une seule campagne sans avoir de comparaisons sur la durée |

## AVIS D'EXPERTES

**Julie Dremière** | Head of social media, influence & e-réputation d'Allianz France

**Myriam Hannachi** | Senior Social Media & Influence Manager d'Allianz France

### Privilégier la proximité avec quelques influenceurs

Julie Dremière et Myriam Hannachi indiquent que la stratégie peut varier selon les objectifs de la campagne et le budget alloué. Par ailleurs, elles privilégient une relation proche de confiance avec quelques influenceurs : « on préfère travailler avec moins d'influenceurs afin de bien les accompagner individuellement, rester proches et s'assurer qu'ils répondent bien aux attentes », en veillant à ce que le message a été compris. Julie Dremière et Myriam Hannachi soulignent également que le fait de travailler avec un petit nombre d'influenceurs facilite la gestion des campagnes d'influence en évitant multiplier les interlocuteurs :

« il y a beaucoup de personnes à coordonner entre la production, l'agence créative, l'agent d'influenceur et l'influenceur, donc on veut éviter de complexifier la coordination avec de multiples influenceurs ». En effet, pour Julie Dremière et Myriam Hannachi, « l'influence apporte de bons résultats mais demande plus de temps et d'engagement qu'une campagne de communication classique. Il y a beaucoup d'imprévus, il faut donc être très flexible et disponible pour cadrer l'influence. On peut se retrouver à valider des choses en urgence. Il est alors essentiel de bien s'entourer et d'avoir une agence rigoureuse et réactive. » Dans la relation avec les influenceurs, Julie Dremière et Myriam Hannachi donnent beaucoup d'importance à l'implication de l'influenceur : « toutes les campagnes sont des cocréations. Dans cette optique, la place qu'on laisse à la création est essentielle car cela crée de l'engagement. Nous savons alors que notre message va évoluer en fonction de l'influenceur qui sera choisi. »

Tout en s'assurant le respect des contraintes du secteur de l'assurance « sur la prévention, on va accompagner l'agence sur les informations/messages clés à faire passer ».

Pour assurer la qualité de la relation, Marion Min souligne quant à elle qu'il est important de s'assurer que l'influenceur a l'impression « qu'il reçoit une compensation équitable pour son travail, qu'il s'agisse de produits gratuits, d'accès exclusif, de commissions ou de paiements directs. Une compensation juste et adaptée à l'ampleur de la collaboration permet de reconnaître la valeur du travail créatif de l'influenceur, qu'il s'agisse de la création de contenu, de la gestion de sa communauté ou de l'impact direct qu'il peut avoir sur les ventes ou la notoriété de la marque. » Pour Marion Min « cela contribue à renforcer le sentiment de partenariat et montre à l'influenceur que son travail est valorisé. De plus, une compensation adéquate incite l'influenceur à s'investir davantage dans la campagne. »

Au-delà de la simple rémunération, la marque peut offrir d'autres avantages qui rendent la collaboration attrayante pour l'influenceur. Par exemple, la possibilité d'accéder en avant-première à des produits ou services exclusifs peut renforcer le sentiment de privilège et d'exclusivité, ce qui est souvent apprécié par les influenceurs, qui cherchent à partager du contenu unique avec leur communauté. La participation à des événements exclusifs, des lancements de produits ou des expériences immersives est également un moyen efficace de renforcer l'implication de l'influenceur tout en lui permettant de créer un contenu engageant et authentique.

Ce point doit être généralement abordé avec l'influenceur sans chercher de substituts s'il émet une directive ou un souhait. Si un influenceur veut être rémunéré quoi qu'il arrive, il est inutile de forcer une compensation en nature. Il s'agit pour les marques de pouvoir différencier les profils d'influenceurs selon leur contribution à l'image, la notoriété ou les ventes, mais aussi leurs attentes, afin d'ajuster la stratégie de communication de la marque en conséquence.

## AVIS D'EXPERTE

**Claire Mariat** | directrice ajointe relations publics et influence à Ogilvy Paris

### L'influence responsable

La responsabilité de l'influence est devenue une priorité pour les marques soucieuses de leur réputation et de l'authenticité de leurs communications. Elle deviendra obligatoire, que ce soit pour les créateurs eux-mêmes et leurs représentants, les marques, les agences ou les plateformes de mise en relation. Au risque que tous ces acteurs soient tout simplement mis hors-jeu.

La réflexion menée par le ministère de l'Économie, des Finances et de la Souveraineté industrielle et numérique avec les principaux acteurs du secteur devrait permettre de protéger les créateurs de contenu qui font leur travail de manière responsable – et ils sont une majorité. Les marques devront s'attendre à ce que l'exigence de responsabilité soit partagée et attendue comme un présupposé de base. Certaines se sont déjà engagées sur ce chemin et se trouvent très en avance sur le reste de l'écosystème. Charge aux marques, agences conseil et spécialistes du sujet de continuer à éduquer le secteur pour assurer sa pérennité.

**Bon à savoir : Premier e-label « Agence Conseil en Influence responsable »**

Le Syndicat du Conseil en Relations Publics (SCRP) lance le premier e-label « Agence Conseil en Influence responsable » pour valoriser les agences engagées dans une démarche d'influence responsable. Ce label, évalué par Afnor Certification, s'appuie sur la charte de la relation influenceurs du SCRP et se concentre sur les bonnes pratiques en matière de conseil, transparence, intégrité, conformité et mesure. Il vise à accompagner les agences dans la formalisation de leurs engagements et la mise en place d'une influence plus responsable. Le label est initialement réservé aux membres du SCRP, puis sera étendu aux membres de l'Association des Agences-Conseils en Communication (AACC) et à l'interprofession. Il s'inscrit dans le contexte des discussions gouvernementales sur l'encadrement des influenceurs et vise à promouvoir des pratiques professionnelles plus éthiques et transparentes. Le SCRP souhaite ainsi contribuer à la structuration et à la professionnalisation du marché de l'influence.

**Création d'une formation « Relation Marque-influenceur » par le SCRP et l'AACC**

En juin 2023, la délégation Digital de l'AACC et la commission Influence du SCRP souhaitent doter les collaborateurs d'agences-conseils de « bons réflexes ». En effet, bien connaître les statuts, les risques, les obligations ou encore les responsabilités de chacune des parties prenantes (marque, agence-conseil, influenceur, agent d'influenceur) est crucial. Le duo rappelle dans un communiqué que c'est « grâce à un bon encadrement et une parfaite connaissance des évolutions de la loi » que les agences-conseils pourront continuer à accompagner leurs clients dans la réalisation de contenus d'influence dits « vertueux » et « respectueux ». Ainsi, l'AACC et le SCRP ont construit un programme de formation ouvert à tous les collaborateurs en agence, dans l'objectif d'acquérir toutes les bonnes pratiques et les connaissances. « Tenue sur une journée par l'ARPP, cette formation sensibilisera et informera les collaborateurs aux différentes obligations légales et les aidera à identifier et anticiper les zones de responsabilités, de droits, d'obligations de chacune des parties prenantes. »

## Collaborer avec un influenceur via son agent

Le marché des influenceurs est très saturé et hyper concurrentiel : il est difficile pour un créateur de se démarquer et de tenir dans la durée.

Pour l'agente Juliette De Fenoyl, il est important que chaque influenceur soit bien suivi et que l'agence s'assure que chaque agent ne gère que 2 à 3 Talents. « Chaque agent s'occupe de gérer les collaborations de ses talents. L'agence a un département stratégique transversal qui présente des profils aux marques, réfléchit à la manière d'assurer l'attractivité des influenceurs sur le long terme et de développer de nouveaux formats. On fait un point régulier avec chacun de ces Talents. On part de leurs objectifs actuels et on réfléchit ensemble à des solutions, des idées créatives. » L'agent peut aussi accompagner un influenceur pour renforcer la visibilité d'un format qui fonctionne bien : « certains talents ont des formats pour lesquels ils sont appréciés et grâce auxquels ils vont pouvoir publier sur différents types de vidéos. Nous pouvons proposer un script à la marque, notamment quand les influenceurs ont des formats qu'ils utilisent souvent. »

Juliette De Fenoyl considère que le rôle d'un agent de créateur de contenu va au-delà de la simple gestion des collaborations : « notre rôle est avant tout le développement des Talents et le soutien à la création de contenus innovants ». Il s'agit d'accompagner les créateurs sur le développement de leur talent, les faire grandir et développer de nouveaux formats. « Pour des gros influenceurs très occupés, l'agent peut aussi avancer sur du contenu créatif et des propositions d'idées pour une marque, à faire ensuite valider par l'influenceur. »

Il est essentiel d'après Juliette De Fenoyl de maintenir une relation humaine avec les Talents, tout en cherchant à optimiser leur présence en ligne et leurs revenus : « tout repose sur la confiance mutuelle qui existe entre l'agent, la marque et le Talent, notamment dans les négociations ». L'agent aide les influenceurs à tenir le rythme car « il faut que le Talent poste tous les jours dans l'idéal. S'il ne poste pas durant 15 jours, ça affecte énormément ses statistiques. »

En ce qui concerne les projets de collaboration, Juliette De Fenoyl précise que les projets peuvent venir des marques « en proposant une collaboration et un brief ». L'agence part de la compréhension du besoin et « s'adapte aux préférences de la marque tout en ajoutant sa propre touche créative ». Les créateurs travaillent souvent avec les mêmes marques, ce qui leur permet de se sentir plus à l'aise et de prendre plus de libertés créatives car ils connaissent ladite marque. Par ailleurs, les projets peuvent aussi être proposés par un influenceur : « il peut venir vers son agent en indiquant qu'il a un projet. » Juliette De Fenoyl cite l'exemple d'un influenceur qui voulait refaire son salon et avec lequel elle est allée voir des marques de canapés pour leur proposer un partenariat. L'agent a aussi un rôle de conseil auprès des influenceurs : « on peut conseiller de ne pas travailler avec des marques problématiques et de privilégier des partenariats avec des produits appréciés et non dangereux pour la communauté ».

**Exemple : Une campagne Amazon détaillée par Juliette De Fenoyl**

L'agence BTS a travaillé sur une campagne d'influence avec Amazon. Juliette De Fenoyl détaille les étapes de la campagne, en commençant par la sélection des influenceurs : « l'agence avait un contact chez Amazon et a proposé plusieurs influenceurs pour mettre en avant leur offre de seconde main et sa partie écoresponsable. C'est le compte de Zouheir & Kassandra (3,2 millions d'abonnés) qui a été retenu. Juliette De Fenoyl explique que ces influenceurs ont un format privilégié : « "5 tips pour", axé sur la vie de couple, qui permet de mettre en avant des marques de façon authentique » et que ce format a retenu l'attention d'Amazon. Ensuite, l'agence a développé plusieurs propositions créatives : « j'ai d'abord envoyé des idées créatives à Amazon et, en fonction de leurs retours, on a avancé en tenant compte de leurs suggestions (on essaye d'éviter d'avoir à rajouter des *rushs*) ». Par ailleurs, l'agence a souhaité cadrer la collaboration de façon claire : « on s'est mis d'accord au tout début sur les dates de post, le format et la plateforme. La marque a ses objectifs et peut avoir l'habitude de communiquer sur certaines plateformes (Instagram ou TikTok). Il est d'ailleurs important d'adapter le contenu à chaque plateforme (Instagram plus esthétique, TikTok plus dynamique). »

À l'issue de la campagne, le rôle de l'agent est aussi de suivre et envoyer les performances. Juliette de Fenoyl précise : « On a envoyé les statistiques 7 jours après la publication : nombre de vues et d'engagement et, s'il y a des liens en Story, nombre de clics. L'engagement concerne : le nombre de *likes*, commentaires, enregistrements de la vidéo pour la revoir plus tard, et de partages qui sont rapportés au nombre de vues. Un bon taux d'engagement se situe aux alentours de 5 % sur Instagram et TikTok. » Juliette De Fenoyl souligne que les performances sont à mettre en rapport avec la taille de la communauté d'un influenceur : « si l'influenceur a beaucoup d'abonnés, on s'attend à ce que l'engagement soit plus faible ». Par ailleurs, l'agent peut accompagner l'influenceur et la marque si les résultats ne sont pas à la hauteur des attentes. L'important pour Juliette De Fenoyl est de collaborer dans la confiance avec la marque et l'influenceur : « on collabore régulièrement avec la même marque et du coup si une campagne fonctionne moins bien, on va échanger sur des solutions ensemble. On ne garantit pas dans les contrats un nombre de vues mais on partage l'objectif de la marque d'avoir les meilleures performances possibles ». L'agence peut ainsi proposer plusieurs pistes pour améliorer les performances en cas de résultats décevants : « la marque peut sponsoriser un post sur une plateforme par exemple durant un mois », ou bien « l'agence peut offrir une Story en plus ». Par ailleurs, l'agence peut vendre les droits sur le contenu (droit image et propriété intellectuelle) à la marque qui peut alors le poster sur ses réseaux de marque (site Internet par exemple).

## *L'ESSENTIEL*

- La sélection d'un influenceur ne repose pas seulement sur la taille de son audience mais prend aussi en compte d'autres dimensions comme celui du partage des valeurs, sa façon de travailler et ses centres d'intérêt.
- La qualité de la relation entre une marque et un influenceur est un élément clé de la réussite d'une campagne de marketing d'influence.
- La mesure de la performance ne doit pas être seulement quantitative mais aussi qualitative, notamment en termes d'image.
- La relation gagnant-gagnant peut-elle résister à la logique parfois court-termiste du marketing ?

# Chapitre 10
# Le processus de collaboration marque-influenceur

## *Executive Summary*

➢ **Une collaboration efficace** doit partir de la stratégie globale de la marque. Il faut ensuite définir les rôles, équilibrer le contrôle et la créativité, et installer la relation dans le temps.

➢ **L'évaluation de la performance** et les indicateurs de suivi doivent être clarifiés pour assurer une analyse fine des facteurs clé de succès et des points d'amélioration.

➢ **Quels sont les éléments** permettant de faire de l'influence un levier stratégique pour les marques dans la durée ?

## Partir de la stratégie de marque

Comme pour toute stratégie de communication, il est essentiel pour la marque d'avoir des objectifs clairs de communication autour de thèmes clés.

### CAS D'ENTREPRISE

**Choisir un axe stratégique selon Allianz**

Pour Julie Dremière, Head of social media, influence & e-réputation d'Allianz, et Myriam Hannachi, Senior Social Media & Influence Manager de l'entreprise, la stratégie de communication commence par la définition de thèmes clés et de sujets importants sur lesquels la marque souhaite prendre la parole pendant un certain temps. Pour la marque Allianz, le thème de la prévention de certains risques (par ex. chutes de ski, noyades, etc.) est important. Il s'agit « d'associer, dans l'esprit des consommateurs l'image de marque et ce thème ». Ensuite, la marque développe un ensemble d'outils sur les réseau sociaux : « on peut créer nous-même un contenu autour du thème que l'on médiatise avec des formats (statiques ou dynamiques, courts ou longs) adaptés au ciblage et sur une plateforme choisie en fonction de nos objectifs (YouTube, Instagram) en utilisant les dispositifs proposés par les plateformes ». La marque oriente alors son agence de communication sur ce thème : « on propose un brief agence dans lequel on explique clairement l'importance du thème ».

Le marketing d'influence doit être vu comme l'un des outils permettant d'atteindre les objectifs de communication de la marque. Le fait de faire passer ses messages clés par un influenceur permet de renforcer son impact selon Julie Dremière et Myriam Hannachi. « Nous savons que nous ne pouvons pas uniquement diffuser nos messages par nous-mêmes car cela aura une portée limitée. »

Un autre exemple de thème clé pour Allianz, plus limité dans le temps, a été celui des Jeux Olympiques, décliné sur plusieurs formats pour renforcer l'association à la marque : « sur le thème des Jeux Olympiques Paris 2024, nous avons décidé de capitaliser sur plusieurs sujets autour des Jeux Olympiques et d'avoir un relais "réseaux sociaux" avec un mixte de formats, d'influenceurs et de plateformes ». Ainsi, Allianz a réalisé des vidéos avec plusieurs influenceurs : « une vidéo sur la boxe avec Michou ; une vidéo "100 sports en une seule vidéo" avec Amixem qui a l'habitude de proposer des classements ; une vidéo avec Sally autour des Jeux Paralympiques... ». En complément, la marque a créé des contenus « découvrir nos stands au club France » et invité des influenceurs de façon non rémunérée à suivre des compétitions/cérémonies pour engendrer du bouche à oreille : « 99 % des invités ont créé du contenu sur les événements auxquels ils ont assisté quand on leur a offert des places. L'objectif était d'associer Allianz et les Jeux Olympiques par la répétition de nombreux messages. »

Allianz reconnaît qu'en tant que marque, il est compliqué de prendre la parole sans passer par des intermédiaires, notamment pour atteindre certaines cibles : « Il y a des cibles que nous n'arrivons pas à toucher, notamment si une audience est *a priori* peu intéressée par notre marque et/ou n'a pas un média privilégié où l'on pourrait pousser un contenu ». Julie Dremière et Myriam Hannachi soulignent qu'il est facile pour un message, même avec un budget dédié, de passer inaperçu « compte tenu du nombre de sollicitations que reçoivent les consommateurs à chaque instant, surtout quand on est une marque d'assurance pour laquelle il est plus difficile d'émerger, d'intéresser et d'engager son audience que pour une marque de mode par exemple ». Ainsi, elles indiquent que pour être vraiment vu, « on est obligé de passer par la médiatisation. Les influenceurs arrivent à toucher les jeunes, se faire entendre et susciter l'adhésion bien mieux que si la marque prenait elle-même la parole. »

## Équilibrer contrôle de la marque et créativité de l'influenceur

L'une des difficultés du marketing d'influence est de trouver la juste mesure entre une certaine liberté à octroyer à un influenceur pour qu'il puisse exprimer sa créativité et le contrôle de son contenu pour assurer le respect de l'image de marque. Or, si une marque veut collaborer avec des créateurs de contenu, elle doit accepter de tester des orientations plus éloignées des communications habituelles.

Julie Dremière et Myriam Hannachi précisent que si les marques peuvent donner des objectifs de communication en termes de visibilité et d'image, elles doivent aussi laisser une certaine marge de liberté à l'agence et à l'influenceur dans la façon de les atteindre. Pour ce faire, « les objectifs chiffrés précis (impressions, vues, clics) permettent de partir sur des bases claires. On donne ensuite une liberté créative car plus on laisse les agences libres, plus elles peuvent aller loin. »

Pour Thomas Acien, il est essentiel que les marques garantissent la liberté créative de l'influenceur. Il souligne le fait que les marques acceptent de plus en plus de donner cette liberté à l'influenceur qui connaît ses sujets et sa communauté. Ainsi, il apprécie le fait que, « là où avant on pouvait avoir des briefs très stricts, aujourd'hui on a plus de liberté, ce qui crée plus de confiance ». En parallèle, les influenceurs s'affirment davantage dans leurs négociations avec les marques : « Quand je sais que la proposition créative de la marque va être contre-productive (par exemple en utilisant un vocabulaire non adapté), je propose autre chose à la marque. Généralement la marque est d'accord car elle veut avoir un retour sur investissement », précise Thomas Acien.

## AVIS D'EXPERT

**Léo Scattolari** | expert en communication digitale

### Spécificités de l'influence dans le luxe

Dans le luxe, le degré de contrôle voulu est généralement plus fort que dans d'autres industries, mais il y a bien une tension qui doit être résolue. Il faut que tout le monde s'accorde : l'influenceur peut ne pas vouloir trop dénaturer son contenu et respecter son style mais il doit parfois s'adapter à des contraintes de marque. Il est trop tard une fois qu'il a créé son contenu de dire que ça ne convient pas. Il s'agit pour l'influenceur de ne pas proposer des contenus qui vont à l'encontre des valeurs d'une marque : si un influenceur porte une fourrure par exemple, la marque peut demander de couper des plans. Et il s'agit pour la marque de comprendre que l'influence n'est pas comme du « Paid Media » (cf. Fiche Pratique Chapitre 6) et qu'on ne peut pas tout contrôler.

La dimension créative est aussi ce que l'on recherche auprès d'un influenceur. Il peut exister des cas où l'on a envie d'exploiter un nouveau domaine et l'on recherche de la créativité, mais cela n'empêche pas un certain contrôle. Après, on peut demander à l'influenceur de s'apprêter d'une certaine façon pour parler de la marque par exemple. Il faut trouver la ligne médiane entre ce que veut le marketing et ce que veut l'influenceur pour que les deux convergent. Les marques de luxe ont à ce propos plus de facilité à faire venir les influenceurs dans leur univers.

## AVIS D'EXPERTE

**Madeline Rimassa** | Global Advocacy & Influence Manager à L'Oréal

### Guider sans brider la créativité de l'influenceur

Les marques sont à la recherche de la créativité de l'influenceur, mais ce dernier n'a pas toujours les idées, les informations, les ressources ou le temps pour faire des suggestions très créatives. Dans ce genre de cas, la marque peut être amenée à écrire un brief créatif assez précis. La marque peut notamment prévoir un Joker : les agences ont le droit de challenger le brief de la marque et de venir avec une idée alternative.

Le contrôle des propositions créatives reste également essentiel pour éviter qu'il y ait trop de messages différents autour d'une même marque car, si tout le monde commence à faire des contenus personnalisés, le message central se perd.

En revanche, la répétition d'un message, ou « Copy Cat », peut être regrettable. Par exemple, si une marque procède au même shooting avec plusieurs influenceurs, chaque influenceur a alors peu de valeur ajoutée.

Cependant, d'un point de vue de l'image, la répétition du message est plus simple et facilite son impact/sa mémorisation par les consommateurs. Cette répétition marche mieux si la marque a déjà une aura très forte car cela conforte les abonnés dans leur appréciation de la marque.

## CAS D'ENTREPRISE

### Tinder, donner de la liberté créative

Pour Anne-Sophie Adésir, il est essentiel de s'assurer que l'influenceur peut exprimer sa créativité : « Le brief est souvent très court pour laisser libre cours à la créativité de l'influenceur, afin que chaque campagne soit un peu différente en fonction de ce que propose chaque influenceur ». La marque peut donc envoyer des briefs très courts qui permettent juste de donner le contexte de la communication mais ne cherchent pas à donner trop de contraintes. « Nous donnons en général une page de brief (appelée "single minded proposition") où apparaissent quelques lignes de contexte, par exemple : "Tinder est arrivé en France il y a plus de 10 ans, notre spécialité ce sont les rencontres", puis nous précisons de quoi on veut parler dans la communication. »

Par exemple, pour la campagne de communication sur la fonctionnalité « matchmaker », la marque avait indiqué que l'objectif était de faire comprendre que « Tinder est la manière de dater la plus cool et drôle, grâce à des amis ». Pour Anne-Sophie Adésir, le fait de donner peu de contraintes permet d'assurer une diversité dans l'expression d'un message à partir du même brief. « L'objectif est d'obtenir un résultat singulier et original de la part de chaque Talent dans son expression du message ». L'influenceur vient ainsi enrichir et compléter des actions de communication développées par la marque. « Nous pouvons faire de l'achat média avec une publicité en tant que Tinder sous une forme contrôlée par la marque et, de façon complémentaire, nous aurons un message diffusé par un influenceur qui sera sur le même sujet mais avec un traitement différent. »

## Installer les partenariats dans la durée

En fonction des objectifs de communication, les marques peuvent vouloir travailler plusieurs fois avec un même influenceur pour assurer une cohérence, ou au contraire chercher à renouveler la représentation de leur marque et la perspective créative.

## AVIS D'EXPERT

**Léo Scattolari** | expert en communication digitale

### Les différentes activations possibles

Certaines marques ont des influenceurs à l'année, voire sur plusieurs années, sélectionnés par des experts en interne (profils dont on leur a parlé, qu'ils ont repérés, etc.) ou proposés par des agences, notamment pour des demandes très pointues (par ex. un influenceur étranger qui parle de Paris, un baroudeur qui fait des treks dans des paysages arides, etc.). Les influenceurs qui collaborent sur la durée doivent répondre à un ensemble de critères stricts et avoir passé plusieurs filtres internes au sein des équipes responsables de l'image, l'internationale et/ou célébrité.

Il existe une grande palette d'activations possibles selon le budget, le calendrier marketing et les lancements.

1. Portage produits : envoi d'un produit sans autre contrepartie, pour inciter à poster.
2. Création de contenu : envoi d'un produit et d'un brief pour que l'influenceur produise un contenu à valider.
3. Tournage (par ex. parfum) : invitation pour créer directement du contenu avec l'influenceur.
4. Événement : réunion des influenceurs dans un lieu emblématique pour présenter un nouveau produit.

Les influenceurs s'entretiennent parfois directement avec des marques pour proposer des initiatives : ils proposent par exemple d'inviter leurs abonnés à un événement qui peut être sponsorisé par la marque, l'organisation d'une visite privée, etc. Si ce qu'ils proposent correspond à l'actualité et à la ligne éditoriale de la marque, cela peut être accepté.

Enfin, le processus de collaboration dépend aussi du profil de l'influenceur. Certains influenceurs sont assimilés à des médias et pris pour leur forte visibilité avec une faible conversion. D'autres sont quant à eux choisis pour leur créativité ou encore pour l'engagement de leur communauté et une forte conversion possible. D'autres encore, pour leur expertise ou leur positionnement unique (par ex. sur un problème de santé particulier).

Une marque peut choisir d'installer un thème dans la durée qui sera porté par les mêmes influenceurs de façon durable.

## CAS D'ENTREPRISE

### Partenariat entre Allianz et Michou, une relation dans la durée

Pour la marque Allianz, installer un partenariat dans la durée permet de s'assurer que « l'influenceur sait bien parler de la marque à la cible mais aussi qu'il y a une compréhension mutuelle et que la relation est fluide ». Julie Dremière et Myriam Hannachi considèrent que lorsque la relation est bonne, la marque a intérêt à faire perdurer la relation : « quand ça se passe très bien tant sur le plan de la facilité de la gestion de la relation que sur le plan des résultats, nous avons tendance à reconduire des partenariats avec le même influenceur ».

Ainsi, la collaboration avec l'influenceur Michou perdure : « lors des Jeux Olympiques Paris 2024, la collaboration avait reçu un excellent accueil et il a été facile de travailler avec cet influenceur. Nous avons donc reconduit la collaboration avec Michou, cette fois-ci autour d'un nouveau partenariat sur le thème de l'apprentissage de la natation. » L'influenceur a su développer le thème de la sécurité, important pour Allianz, « avec une communication "apprendre aux jeunes à nager" qui a été comprise et appréciée ». La vidéo met en lumière le parcours de jeunes de 18 à 25 ans qui ont surmonté leur peur de l'eau et gagné en confiance grâce à ce projet.

Julie Dremière et Myriam Hannachi soulignent par ailleurs que la marque peut gagner en efficacité dans sa promotion en reconduisant des partenariats qui se passent bien, car le fait d'apprendre à bien travailler avec un influenceur prend du temps. Par exemple, « pour une vidéo qui dure plus d'une heure, il y a au moins 5 h 00 de travail avant sa validation ».

Pour l'agence Ogilvy Paris, en intégrant les valeurs de transparence et de responsabilité, on peut quantifier l'impact positif du créateur. La notion d'impact permet de mesurer l'empreinte de chaque créateur et permet ainsi aux marques et entreprises d'envisager le ciblage, puis la relation avec les créateurs dans la durée sous un jour totalement différent : celui de la convergence de valeurs. Cela ne se mesure ainsi pas aussi facilement que du Reach ou des partages et *likes*, mais il se caractérise par trois dimensions : Performance, People, Planet.

1. Performance : impact sur la performance de ses produits (ou contenus dans le cas des influenceurs)
2. People : impact sur les gens (de sa communauté à la société dans son ensemble)
3. Planet : impact sur la planète

Ces trois P, constitutifs d'un impact positif, « sont ceux autour desquels une partie du marketing d'influence est en train de se (re) structurer ».

## AVIS D'EXPERT

**Raphaël Demnard** | fondateur de Sampleo et General Manager de Webedia Creators

### Amplifier les contenus de qualité

Au-delà du suivi de l'exposition publicitaire et du taux d'engagement, l'analyse fine de la qualité des contenus devient essentielle. Aujourd'hui on est à 80 à 90 % des campagnes avec du contenu d'influenceur sur lequel on va faire de l'amplification avec du Paid par-dessus pour aller chercher de la vue supplémentaire. C'est la qualité du contenu qui va offrir cette possibilité à la marque. L'agence peut proposer en effet à une marque un budget d'amplification, correspondant au fait de rémunérer l'utilisation de contenu d'un influenceur pour que la marque puisse aussi l'exposer sur ses espaces et à son audience. La marque paye alors un budget d'amplification et paye à l'influenceur une cession de droits. Les deux partis se mettent ensuite d'accord sur les termes du contrat : l'utilisation des contenus, leur durée, la couverture géographique, le budget, etc.

Parfois, il peut arriver que l'influenceur n'apparaisse pas sur le contenu. Des marques viennent parfois voir l'agence en demandant du contenu en marque blanche. Ainsi, une marque peut valoriser la création de contenus produits par des influenceurs parce qu'elle sait qu'ils vont savoir parler de façon pertinente et intéressante à une cible donnée. Par exemple, on a pris des influenceurs qui interviewaient des consommateurs pour partager leur expérience, et le contenu des entretiens a été republié par la marque comme du contenu publicitaire, diffusé et amplifié.

## Mesurer l'impact des campagnes d'influence

Mesurer la performance des actions et le retour sur investissement des budgets consacrés à ces actions de marketing est une étape essentielle pour toute campagne de communication. Le marketing d'influence, dont les budgets ont augmenté ces dernières années, n'échappe pas à ce besoin d'analyse des résultats.

### FICHE PRATIQUE

#### LES INDICATEURS CLÉS DE PERFORMANCE EN INFLUENCE

L'une des mesures la plus souvent utilisée en marketing d'influence est l'Earned Media Value (EMV) qui correspond à la traduction en valeur d'une exposition obtenue par le marketing d'influence. Selon l'agence de marketing d'influence Kolsquare, le calcul utilise deux paramètres principaux.

1. L'exposition : étendue des publications sur les réseaux sociaux parmi lesquelles la marque est mentionnée, prenant en compte le nombre d'abonnés, de vues, d'impressions, etc.
2. L'engagement : prise en compte des actions volontairement réalisées par les internautes autour de la publication faite (nombre de clics sur des liens, *likes*, partages, commentaires, mentions, réactions, etc.).

L'agence Kolsquare met également en avant la mesure de Reach, définie comme étant « le nombre d'utilisateurs uniques ayant vu une publication. Le Reach peut prendre différentes formes ; on en dénombre généralement trois :

1. le Reach organique (vues sans que la publication n'ait été promue) ;

2. le Reach payant (vues issues des promotions mises en place) ;
3. le Reach viral (vues suite à l'interaction et aux partages d'autres utilisateurs).

Ces différents types de Reach correspondent à la manière dont le contenu a été présenté à l'internaute.

L'agence Ogilvy Paris préconise quant à elle de mener une analyse de performance d'une campagne de marketing d'influence combinant indicateurs quantitatifs et qualitatifs. « Les premiers offrent une vue d'ensemble de la portée de la campagne, tandis que les seconds permettent d'évaluer son impact réel sur l'audience et la marque. » En adoptant une approche holistique, les marques peuvent optimiser leurs investissements et construire des collaborations durables et fructueuses avec les influenceurs, « car il ne faut pas oublier que l'objectif final d'une campagne avec des influenceurs n'est pas que de générer des *likes*, mais bien de créer une connexion authentique avec les consommateurs et d'influencer positivement leur perception de la marque ».

## AVIS D'EXPERT

**Fabien Sommer** | Senior Global Communication Project Manager chez Moët Hennessy

### Suivi de performance avec l'agence

Les marques peuvent demander à leur agence de fournir les chiffres de performance, mais elles ont aussi parfois leurs propres outils de suivi. Elles utilisent le plus souvent des mesures quantitatives.

La marque va mesurer des taux de « Reach » (nombre de personnes qui ont vu la campagne), des taux d'engagement (interaction de l'audience avec le contenu : *likes*, commentaires, partages, sauvegardes, etc.), et les effets sur les ventes en termes de conversion (nombre de personnes touchées qui ont acheté). Elle va également prendre en compte la perception d'ensemble, ou « Tone of voice », des retours (positif, neutre, négatif), la teneur et les sujets des commentaires (adaptés ou non à ce que l'on imaginait).

Moët Hennessy possède des logiciels de suivi mais se heurte parfois à des difficultés pour obtenir toutes ces données. Certains réseaux ou plateformes sont encore opaques ou ont des contenus éphémères pour lesquels le suivi est compliqué.

**Bon à savoir : Le référentiel de l'Union des Marques**

Pour Sophie Roosen, directrice marque et impact de l'Union des Marques et Laureline L'Honnen-Frossard, directrice des affaires publiques et juridiques de l'Union des Marques, les marques ont encore parfois des difficultés à définir les bons indicateurs pour démontrer la pertinence de l'influence ou à comparer la performance de l'influence par rapport à d'autres outils marketing. L'Union des Marques a travaillé avec ses membres pour créer un « Référentiel de la mesure de l'Influence » afin de démontrer que l'influence était mesurable. Cet outil complète le référentiel existant pour la mesure des relations médias et vise à fournir un cadre commun pour évaluer l'efficacité des campagnes d'influence. Pour l'Union des Marques, l'intérêt du référentiel est aussi d'assurer une définition commune des indicateurs avec leurs méthodes de calcul permettant une comparaison et une analyse plus précises des performances. Ce référentiel s'aligne sur les standards internationaux de l'Amec[1] et s'inscrit dans une démarche de professionnalisation du secteur. « Le référentiel permet aux organisations et agences de construire des bilans d'efficacité personnalisés et de valoriser l'impact de leurs campagnes ».

Cependant, Sophie Roosen et Laureline L'Honnen-Frossard soulignent qu'il existe encore des difficultés à suivre l'audience en direct et à comprendre pourquoi une vidéo a sauté ou non, est monétisée ou pas. Selon elles, il est également difficile de prévenir les obstacles dans la cohérence des mesures, notamment du fait de la difficulté de comparer des plateformes car leurs données ne sont pas toujours transparentes sur les performances, même si des travaux de l'autorité de la concurrence sont actuellement en cours pour faciliter les comparaisons.

Pour Madeline Rimassa, les mesures de performance se développent mais il faut rester vigilant sur l'interprétation des données. « On peut mesurer la partie quantitative mais c'est plus difficile d'évaluer la performance en termes qualitatifs. » Le fait de se focaliser sur la partie quantitative peut conduire une marque à privilégier un partenariat avec un influenceur très visible : « un influenceur assez viral à un instant *t*, va générer un million de vues quoi qu'il mette » mais avec une faible mise en avant de la marque, « on peut privilé-

1. N.D.É. : *Association for the measurement and evaluation of communication* (Amec) est une organisation internationale dédiée à la promotion et à la valorisation de la mesure et de l'évaluation des communications. Elle représente les organisations et les praticiens qui fournissent des évaluations des médias et des études de communication.

gier une vue dans un coin pendant une seconde sur une plateforme où l'influenceur est très suivi, même si l'encart est peu visible et au milieu de pleins d'autres choses, ça rentre dans les "metrics" alors qu'en réalité il ne se passe pas grand-chose ». L'une des mesures utilisées n'est autre que la « part de voix » dans l'influence : « on parle de "Share of influence", ce qui correspond à la part prise dans les contenus des influenceurs ». Madeline Rimassa indique cependant que cette mesure « ne prend pas en compte la différence entre positif et négatif et, dès lors, on peut avoir gagné en visibilité mais ne pas avoir amélioré son image ». Elle considère qu'il faut savoir interpréter les données : « comme c'est hyper mesurée l'influence, c'est un peu la course au nombre de vues au détriment d'un travail de fond pour faire grandir l'image et la notoriété de la marque sur le long terme avec un influenceur ayant une petite communauté ». Madeline Rimassa pense cependant que cela évoluera avec l'IA.

Pour Léo Scattolari, il ne faut pas appliquer les mêmes mesures de performance au marketing d'influence par rapport à d'autres outils marketing. « On a essayé de faire rentrer de l'influence comme du média payant classique en voulant en permanence en calculer les résultats et le ROI de chaque euro investi, mais ça ne marche pas. » Il indique que les marques font des estimations d'EMV (Earned Media Value) à atteindre avec une moyenne calculée sur plusieurs influenceurs avec l'objectif de comparer les performances du marketing d'influence sur la base du « si on avait dû investir dans la publicité classique pour toucher autant de personnes, ce serait revenu à ce budget ». Cependant, Léo Scattolari estime que « cette mesure n'est pas qualitative alors que la qualité du contenu reste bien évidemment très importante ». Le souci qu'il met en avant avec cette mesure est que « l'Earned Media Value calculé par les plateformes est assez opaque ». Par ailleurs, les performances doivent être suivies tout au long de la campagne afin de mettre en place d'éventuelles actions rectificatives : « si le contenu ne performe pas assez, les talents vont ajuster par eux-mêmes pour améliorer les vues ». Par ailleurs, « les marques peuvent amplifier certaines vidéos de talents via du budget média afin de renforcer la Considération (faire connaître son offre) ou la Conversion (achat ou visite). » Léo Scattolari souligne que cette amplification est peut-être plus pertinente pour les petits influenceurs car, « les gros influenceurs ont déjà une forte visibilité ».

## AVIS D'EXPERT

**Pierre Hubert Meilhac** | Worldwide Reputation & Media Director de Dassault Systèmes

### Attention aux « Metrics de Vanité »

L'évaluation de l'efficacité d'une campagne de marketing d'influence est essentielle pour optimiser les investissements et tirer des enseignements qui permettront d'améliorer les campagnes suivantes. Si les indicateurs quantitatifs comme le nombre de *likes*, de commentaires et de partages offrent une première vision de la performance, se limiter à ces données serait une erreur. Même si, dans certains cas, le quantitatif est le critère le plus important au vu des objectifs initialement fixés (campagnes d'acquisition ou de vente de produits par exemple), une analyse complète doit toujours prendre en compte des indicateurs qualitatifs, plus subtils mais tout aussi importants pour comprendre l'impact réel de la campagne.

Les indicateurs quantitatifs sont parfois appelés « métriques de vanité » car ils peuvent être trompeurs. Un nombre important de *likes* ne signifie pas nécessairement un engagement réel de l'audience, ni une conversion en achat. De même, des abonnés achetés artificiellement peuvent gonfler des chiffres sans apporter de valeur réelle à la marque. Il semble donc crucial d'aller au-delà de ces données parfois superficielles et d'analyser des indicateurs plus qualitatifs pour évaluer l'impact réel de la campagne sur l'image de marque, la perception des consommateurs et l'engagement de la communauté.

5 indicateurs qualitatifs sont à prendre en compte.

1. Sentiment de l'audience : Analyser les commentaires et les discussions autour de la campagne pour comprendre

la perception de la marque et du produit ou service promu. Un sentiment positif, même avec un nombre de commentaires modéré, est plus précieux qu'un grand nombre de commentaires négatifs.

2. Qualité des interactions : Observer la nature des interactions entre l'influenceur et son audience. Des conversations constructives et des questions pertinentes témoignent d'un engagement réel et d'un intérêt sincère pour la marque.
3. Crédibilité de l'influenceur : Une intégration naturelle et authentique sera plus efficace qu'un message publicitaire forcé et peu crédible.
4. Impact sur l'image de marque : Analyser l'évolution de la perception de la marque suite à la campagne (sur la notoriété, la confiance et l'association à des valeurs positives).
5. Résonance du message : Évaluer la manière dont le message de la marque a été relayé par l'influenceur et perçu par son audience. Un message clair et pertinent, adapté aux valeurs de l'audience, aura un impact plus fort.

## *L'ESSENTIEL*

- La définition au préalable des objectifs stratégiques de la marque est indispensable pour intégrer l'influence de façon pertinente très en amont.
- Le succès d'une campagne ne dépend pas uniquement du choix de l'influenceur mais de la capacité à construire un partenariat équilibré, mesuré et piloté dans le temps.
- La relation peut s'installer dans la durée mais la marque peut aussi avoir besoin de changer d'influenceur pour renouveler son image ou se diriger vers de nouvelles cibles.
- L'une des difficultés dans les collaborations réside dans le fait de bien concilier créativité, authenticité, efficacité et maîtrise du discours de marque.

# Chapitre 11
# Les plateformes et le marketing d'influence

## *Executive summary*

- **Les plateformes** ont un rôle central dans l'écosystème de l'influence. Elles accompagnent les créateurs, structurent les relations commerciales et proposent des solutions techniques de plus en plus intégrées.
- **Leur responsabilité** est un facteur essentiel dans la régulation des contenus, la transparence et la protection des publics.
- **Comment** les plateformes peuvent-elles donc contribuer à mener des campagnes efficaces et responsables ?

## Comment les plateformes accompagnent les influenceurs

Les créateurs jouent un rôle central dans l'économie des réseaux sociaux, dans leur attractivité et dans leur différentiation. Au-delà des revenus publicitaires, les influenceurs permettent également de faire venir leurs abonnés sur la plateforme sur laquelle ils communiquent.

Comme le rappelle Raphaël Demnard de l'agence Webedia, « les plateformes ont tout intérêt à garder les meilleurs Talents dans un écosystème fermé. Chaque plateforme va ainsi chercher à faire grossir des profils chez eux : une fois qu'elle a beaucoup de profils avec de grosses audiences, cela attire des marques qui vont investir et permettre à la plateforme d'avoir plus d'abonnés. »

Karen Arko, Social Ads Expert & Growth Strategist de TikTok France, souligne que « l'objectif pour les plateformes est de fidéliser les meilleurs créateurs de contenu, les motiver à produire davantage de contenu de qualité, et à générer des revenus pour la plateforme grâce à la publicité des marques. Un contenu de qualité incite les utilisateurs à venir et à passer plus de temps sur la plateforme. Les créateurs attirent des marques, ce qui stimule les revenus publicitaires. Par ailleurs, chaque plateforme cherche à séduire les créateurs pour rester pertinente face à ses rivales. Ainsi, les plateformes comprennent que les créateurs de contenu sont essentiels pour leur succès et leur croissance, et elles investissent pour leur fournir des outils innovants et des incitations à rester fidèles. »

Toujours selon Karen Arko, TikTok se distingue par « un algorithme qui privilégie du contenu qui génère des interactions plutôt que la taille de la communauté d'un créateur ». Cela permet aux influenceurs qui n'ont pas encore beaucoup d'abonnés de devenir viraux rapidement s'ils ont des contenus de qualité, car la page « Pour Toi » sélectionne les vidéos en fonction du comportement des utilisateurs plutôt que du nombre d'abonnés. C'est un modèle attractif pour les jeunes créateurs qui cherchent à percer rapidement.

Différemment, Instagram attire les influenceurs grâce à son format centré sur l'esthétique visuelle. Les photos, les Stories et les Reels permettent de raconter une histoire à travers l'image, un format très apprécié dans des secteurs comme la mode, la beauté ou le *lifestyle*. La plateforme propose également des outils de partenariat de marque qui facilitent les collaborations professionnelles, ce qui attire les créateurs souhaitant monétiser leur contenu.

Une fois sur la plateforme, les créateurs bénéficient d'un soutien concret dans la production et la diffusion de leur contenu. Instagram met à disposition un ensemble complet d'outils créatifs, comme les Reels, IGTV[1], les Stories et les *lives*, chacun adapté à un type de contenu particulier. Ces formats s'accompagnent d'options de montage, de filtres et d'intégration musicale, offrant aux créateurs une large liberté d'expression tout en garantissant une qualité professionnelle. De son côté, Facebook propose un écosystème mixte où les créateurs peuvent publier des vidéos longues, du contenu écrit ou animé, tout en accédant à un « Creator Studio » pour planifier et analyser leurs publications.

Les plateformes aident aussi les créateurs à développer leur communauté. Ainsi, Instagram encourage la fidélité de l'audience en multipliant les moyens d'interaction avec les abonnés, comme les sondages, les questions ou les messages privés dans les Stories. Ces fonctionnalités renforcent la relation entre les créateurs et leur communauté. Facebook, avec ses Groupes, permet également de construire des communautés thématiques autour d'un créateur, ce qui augmente l'engagement et la récurrence.

Les outils d'analyse sont également essentiels. X (ex-Twitter) offre des statistiques détaillées sur les tweets (impressions, retweets, clics sur le profil), ce qui permet aux créateurs d'ajuster leur stratégie en temps réel. TikTok fournit également des données clés telles que le

1. N.D.A. : Le terme « IGTV » fait référence à « Instagram TV », un format qui permet de partager sur Instagram des vidéos plus longues qu'habituellement.

temps de visionnage, les sources de trafic et les données démographiques, offrant une lecture fine de l'efficacité des contenus.

Pour retenir les créateurs sur le long terme, les plateformes investissent également dans des dispositifs de monétisation et de renforcement du lien communautaire. Facebook offre un éventail de possibilités financières comme le partage des revenus publicitaires, les abonnements des fans ou encore les Stars, un système de micropaiement disponible lors des diffusions en direct. TikTok, de son côté, propose des sources de revenus variées, incluant le Fonds pour les créateurs, les partenariats de marque et TikTok Shop, qui permet de vendre directement via ses vidéos.

Karen Arko montre dans le tableau ci-dessous les différents outils à disposition des influenceurs.

Tableau 11.1 – Les outils proposés par les plateformes

| Plateforme | Outils pour les créateurs | Monétisation | Conditions pour accéder aux outils |
|---|---|---|---|
| YouTube | YouTube Studio : gestion, statistiques, planification | Publicités via YPP (YouTube Partner Program) | 1 000 abonnés et 4 000 heures de visionnage pour le YPP |
| | Montage vidéo intégré | Super Chats lors des lives | Respect des politiques de contenu et des droits d'auteur |
| | YouTube Shorts pour vidéos courtes | Abonnements payants | Compte AdSense obligatoire |
| | Community Tab et Stories | Merchandising | |
| Instagram | Creator Studio : planification, stats | Contenu sponsorisé avec les marques | Compte professionnel ou créateur requis |
| | Reels et Lives interactifs | Badges pour dons en direct | Respect des politiques de contenu |
| | Stories engageantes | Boutique pour ventes de produits | Accès à des fonctionnalités selon nombre d'abonnés |

| Plateforme | Outils pour les Créateurs | Monétisation | Conditions pour accéder aux outils |
|---|---|---|---|
| Facebook (Meta) | Meta Business Suite pour gestion centralisée | Stars (dons des fans) | Page ou compte professionnel requis |
| | Groupes et communautés | Abonnements à contenu exclusif | Respect des politiques de communauté |
| | Facebook Live | Publicités vidéo via Ad Breaks (Publicités qu'on ne peut pas passer) | Accès à certaines fonctionnalités réservé aux pages actives ou populaires |
| | Publications programmées | | |
| TikTok | Outils d'édition : effets, transitions, musiques | Creator Fund : rémunération sur les vidéos | 10 000 abonnés et 100 000 vues sur les 30 derniers jours pour le Creator Fund |
| | TikTok Live pour engagement direct | Cadeaux virtuels lors des *lives* | Respect des politiques de contenu et des droits d'auteur |
| | Marketplace des Créateurs pour les collaborations | Sponsorisations via Marketplace | |

Selon Raphaël Demnard de l'agence Webedia, « si les créateurs de contenus se spécialisaient par plateforme il y a quelques années, ils ont aujoud'hui dépassé les frontières de leur réseau social de prédilection et sont partis à la rencontre de leurs communautés sur l'ensemble des plateformes, voire sur les médias traditionnels ». En revanche, pour Raphaël Demnard, il est intéressant de voir que la Talent Web Academy[2] n'a pas pris. Elle permettait non seulement de professionnaliser les créateurs de contenu mais aussi de rassurer les marques sur le fait qu'elles

2. N.D.A. : une formation proposée par l'agence.

allaient engager des talents formés. Cependant, les marques regardent le Talent et sa ligne éditoriale de façon subjective plutôt que de chercher à savoir s'il prend de jolies photos. Du côté des influenceurs, ces derniers sont pour la plupart « self-made » (autodidactes) et n'ont pas envie de se faire former (savoir prendre une photo, créer son autoentreprise). Ils préfèrent souvent être indépendants et rester sans contraintes.

## Une palette d'outils proposée par les plateformes

Les plateformes proposent une palette d'outils créatifs pour accompagner les influenceurs dans le développement de leur contenu.

### AVIS D'EXPERTE

**Karen Ako** | Social Ads Expert & Growth Strategist de Tik Tok France

#### TikTok accompagne les créateurs et les marques

TikTok est une plateforme de divertissement et un réseau social centré sur le partage de vidéos courtes. La plateforme compte plus d'1,5 milliard d'utilisateurs actifs chaque mois. Sa croissance rapide peut être attribuée à son algorithme de recommandation qui analyse les préférences des utilisateurs pour leur présenter le contenu le plus pertinent, contribuant ainsi à une personnalisation poussée et à une découverte continue de nouvelles vidéos. L'algorithme de TikTok favorise une large diffusion des contenus, permettant aux marques d'atteindre rapidement une audience massive, même avec des budgets limités.

Par ailleurs, l'aspect immersif de TikTok et la forte implication des utilisateurs permettent une relation plus organique avec l'audience. Selon Ge, Sui, Zhou et Li (2021), le nombre de commentaires sous une publicité (indicateur de l'engagement et de la viralité du contenu) ainsi que la vivacité visuelle et musicale d'une plateforme sont des facteurs déterminants dans la conversion des utilisateurs en acheteurs. Le format immersif et la créativité sont clés dans le succès d'une plateforme, en ce qu'ils permettent de capter l'attention des utilisateurs de manière plus efficace. Les investissements en termes de créativité et d'optimisation des campagnes permettent alors de se différencier.

On retrouve différents formats publicitaires sur les plateformes.

- In-Feed Ads : publicités dans le flux de contenu des utilisateurs, accompagnées d'un *call-to-action*[3] (CTA). Elles ressemblent à des contenus organiques.
- Branded Hashtag Challenges : invite les utilisateurs à participer à des défis autour d'un *hashtag* sponsorisé par une marque. Il génère un engagement élevé et une forte viralité.
- TopView Ads : publicités en plein écran dès l'ouverture de l'application, offrant une visibilité maximale au moment où l'audience a le niveau d'attention le plus haut.
- Spark Ads : lie le compte organique d'une marque à une publicité.
- Carousel Ads : images défilantes pour présenter plusieurs produits ou messages.

## FICHE PRATIQUE

### CRÉER UN COMPTE DE CRÉATEUR DE CONTENU SUR TIKTOK

- Étape 1 : Le futur créateur de contenu doit tout d'abord soumettre une demande d'accès à la « Creator Marketplace ».
- Étape 2 : Une fois accepté, le créateur doit définir un tarif de base pour les vidéos sponsorisées, en vue de faciliter les futures collaborations avec les marques.
- Étape 3 : Le créateur doit ensuite patienter jusqu'à la réception de propositions de collaboration. Les marques intéressées pourront adresser des invitations directement.
- Étape 4 : Après validation des conditions de partenariat, le créateur doit produire le contenu demandé, puis le soumettre à la marque afin d'en obtenir l'approbation.
- Étape 5 : Une fois le contenu approuvé et la prestation jugée conforme, il revient au créateur de publier les livrables selon les termes convenus. La marque procède alors à la confirmation finale de la collaboration. Le paiement est ensuite déclenché.

3. HubSpot : « Le *call-to-action*, ou CTA, est un bouton situé sur une page Web ou dans un e-mail, qui invite le visiteur à effectuer une action. Son objectif est de convertir les prospects en clients. »

Les plateformes proposent des guides et meilleures pratiques aux créateurs de contenu. Les influenceurs peuvent ainsi se former et améliorer leur contenu sur une plateforme donnée pour mieux captiver leur audience. Les plateformes recommandent par exemple en général d'utiliser une introduction percutante (texte accrocheur ou voix *off* engageante), d'analyser les points de décrochage grâce aux outils d'analyse vidéo, d'introduire une question à laquelle la vidéo répondra, de révéler le résultat final dès le début pour susciter l'intérêt ou d'indiquer la durée de la vidéo pour gérer les attentes. En complément, il est souvent recommandé d'interagir au maximum (réponses aux commentaires, sessions *live*, sondages, etc.). Enfin, les plateformes accompagnent les créateurs dans l'exploitation des données d'analyse (vidéos vues, profils vus, *likes*, commentaires, partages, durée de visionnage, sources de trafic, et données démographiques).

### Les outils de mise en relation marques-influenceurs

En ce qui concerne les collaborations marques-influenceurs, les plateformes facilitent la rencontre directe afin d'encourager les partenariats et ainsi la diffusion de contenus publicitaires. Les plateformes proposent de plus en plus souvent des « marketplaces » intégrées. Par exemple, Karen Arko explique que « TikTok a développé un service de partenariat avec les marques, géré par un "Brand Partnership Manager", qui conseille les marques sur leur approche publicitaire, notamment en termes de choix d'investissements. Un "Client Solution Manager" adopte une approche plus technique et opérationnelle pour maximiser les performances ». Par ailleurs, Karen Arko indique que TikTok a lancé le « Creator Marketplace » où les marques peuvent rechercher des créateurs selon des critères précis : thématique de contenu, pays, type d'audience, taux d'engagement, etc. Une marque peut ensuite envoyer une proposition de partenariat via l'outil et suivre la campagne de manière centralisée (via le nombre de vues et de clics, le taux d'engagement, les profils démographiques atteints).

Les marques ont besoin de mesurer le retour sur investissement (ROI) de leurs campagnes. Les plateformes proposent donc des outils pour suivre en direct les performances des contenus sponsorisés. Sur Instagram, par exemple, lorsqu'un créateur utilise les outils de contenu de marque, la marque peut accéder aux données détaillés du post (portée, impressions, réactions, sauvegardes, etc.), ce qui permet une analyse fine des résultats.

Certaines plateformes vont encore plus loin en intégrant des outils de gestion des paiements ou de financement direct des créateurs. Avec YouTube BrandConnect, les créateurs éligibles (souvent ceux qui sont dans le Programme Partenaire YouTube) peuvent conclure des partenariats rémunérés, gérés directement via la plateforme, sans avoir à s'occuper de la facturation. Certaines plateformes proposent d'ailleurs des formats de contenu pensés spécialement pour les campagnes en collaboration avec des marques. Ainsi, sur Pinterest, les « Idea Pins » sponsorisées permettent aux créateurs d'élaborer des contenus immersifs (type Story) où une marque peut être taguée comme partenaire rémunéré.

## La responsabilité des plateformes sur les contenus publiés

Les plateformes engagent leur responsabilité dès lors qu'elles n'agissent pas contre des contenus qui ne respectent pas la loi alors qu'ils lui sont signalés. Dans les cas les plus graves, des sanctions pénales peuvent être prononcées, y compris en s'appuyant sur la collaboration internationale entre autorités publiques.

La responsabilité de plein droit d'une plateforme n'est pas engagée de la même façon que celle d'un éditeur. La plateforme n'a pas d'obligation de surveillance de ce que dit l'influenceur. En revanche, si elle détecte des choses illégales dans le contenu de ce dernier, elle a le devoir de le signaler.

Pour respecter les lois sur la publicité et la transparence, les plateformes offrent des moyens d'identifier un contenu comme étant sponsorisé. Ainsi, sur Instagram, les créateurs peuvent utiliser les

« Branded Content Tools » qui leur permettent de taguer une marque sur une publication avec la mention « Partenariat rémunéré avec », visible par les utilisateurs. Ce tag permet aussi à la marque d'accéder aux statistiques du post sponsorisé, sans avoir besoin de demander au créateur des captures d'écran. Sur YouTube, l'équivalent s'appelle « YouTube BrandConnect ». Les vidéos sponsorisées peuvent intégrer un bandeau indiquant qu'il s'agit d'un contenu financé par une marque. Cela renforce la confiance des audiences et facilite la modération des partenariats.

## Étude de cas

### Le régime juridique du marketing d'influence

En février 2024, une décision de la Cour d'appel de Paris[4] a répondu à la demande d'un influenceur souhaitant requalifier sa prestation en tant que mannequin ou artiste interprète avec un contrat de travail. La Cour n'a pas reconnu de lien de subordination entre l'influenceur et la marque, rejetant la demande de contrat de travail. La Cour a par ailleurs rejeté le fait que l'activité puisse être qualifiée comme du mannequinat car l'influenceur ne prêtait pas seulement son image mais conservait aussi une liberté créative dans la présentation des produits. La Cour a enfin rejeté la demande de statut d'artiste interprète arguant que l'influenceur n'avait pas un rôle ou un texte qui lui était imposé. Ainsi, la Cour indique que la marque et l'influenceur ont agi comme des sociétés commerciales.

4. Décision de la Cour d'appel de Paris du 23 février 2024, RG n° 23/10389.

## L'ESSENTIEL

- Les plateformes jouent un rôle clé dans la sélection des posts mis en avant auprès de certains internautes. Elles peuvent faciliter l'émergence des talents en offrant une visibilité à de nouveaux influenceurs.
- Les plateformes contribuent à la performance en apportant des outils créatifs et des outils de mesure, mais elles fixent aussi les règles de diffusion qui ne sont pas toujours faciles à comprendre pour les influenceurs ou les marques.
- La question se pose de savoir comment rester indépendant tout en s'adaptant aux contraintes et aux algorithmes imposés par les plateformes.

# PARTIE 3
# Comprendre les internautes qui suivent des influenceurs

La fragmentation des audiences, la défiance vis-à-vis de la publicité classique et la montée en puissance des plateformes numériques redéfinissent les codes de la communication. Les nouvelles attentes des consommateurs sont fondées sur l'interaction, la narration et l'authenticité.

Les influenceurs qui séduisent sont ceux qui sont source d'inspiration et d'admiration, mais également ceux qui démontrent une attention à l'éthique puisque les consommateurs sont devenus des acteurs plus actifs, critiques, sélectifs et autonomes dans la façon dont ils naviguent dans un flux constant d'informations.

Les influenceurs établissent une relation durable et authentique avec leurs abonnés qui se manifeste par des actions concrètes telles que les commentaires, les partages ou les mentions « j'aime ».

# Chapitre 12
# Les réseaux sociaux et l'influence

## *Executive summary*

- **Les réseaux sociaux** sont des lieux privilégiés de l'influence.
- **Chaque plateforme** a ses spécificités (formats, tonalité, public) et ses outils (Stories, *lives, hashtags*) qui permettent de créer de l'interaction et de l'engagement.
- **Le contenu** doit être pensé selon les règles des plateformes pour être visible et perçu comme légitime et non intrusif.
- **Comment** l'influence fait-elle bouger les lignes sur les réseaux sociaux et force les acteurs à s'adapter ?

## Les différents réseaux sociaux

Le terme « média » désigne tous les supports de communication permettant de diffuser une information. Issu du mot latin *medium*, il peut se traduire par intermédiaire en français. Chaque média se distingue par la taille ou le profil de son audience et par son influence sur l'opinion publique. Le choix d'un média par une marque pour diffuser ses messages varie en fonction des objectifs à atteindre et du budget disponible.

### AVIS D'EXPERTE

**Claire Mariat** | directrice ajointe relations publics et influence d'Ogilvy Paris

**La complémentarité des outils de communication**

Selon Ogilvy Paris, les canaux de communication traditionnels présentent des limites qui peuvent expliquer, au moins en partie, l'engouement pour les réseaux sociaux. Les leviers marketing traditionnels (publicité, relations publics, promotion des ventes, marketing direct, etc.) offrent des avantages indéniables : la publicité assure une large portée et construit la notoriété, les relations publics cultivent la crédibilité, la promotion stimule les ventes, et le marketing direct permet un ciblage personnalisé. Cependant, ces leviers présentent des limites telles que des coûts élevés, une perception intrusive des publicités, un risque de dévalorisation de la marque pour les promotions excessives et un sentiment de saturation pour le marketing direct mal géré.

D'après le Barmètre BUMP[1] 2024 de Kantar Media : les cinq médias classiques (télévision, radio, presse, cinéma et publicité extérieure)

1. Baromètre Unifié du Marché Publicitaire et de la communication 2024 : « En 2024, le marché publicitaire a recensé 74 070 annonceurs actifs sur l'ensemble des leviers. Les 5 médias ont attiré 39 % des annonceurs, tandis que les leviers digitaux en ont capté 79 % et seulement 17 % ont combiné les deux univers. »

ont attiré 39 % des annonceurs, tandis que les médias digitaux ont capté 79 % des annonceurs. Les principaux médias sur les réseaux sociaux sont les suivants :

- Le site Web : il constitue la vitrine et la porte d'entrée d'une entreprise. Avoir son site Internet permet à une marque non seulement de faire connaître ses produits ou ses services et de les vendre mais aussi de présenter son histoire ou ses valeurs et de communiquer efficacement avec ses clients.
- Le blog : c'est un canal performant, notamment en communication B2B, pour démontrer son savoir-faire au travers de vidéos, susciter l'intérêt des clients avec les actualités de l'entreprise et générer du trafic en présentant des produits.
- L'e-mailing est apprécié pour sa simplicité, sa rapidité et son faible coût. Pour réussir sa communication, un e-mail doit respecter certaines règles : être clair et concis, adressé aux bonnes personnes, avec une véritable information (par ex. le lancement d'un nouveau produit ou service, une invitation à une inauguration, l'ouverture d'une nouvelle boutique, etc.).

Au-delà de ces outils, en général non interactifs, le développement du digital a permis l'essor des réseaux sociaux qui sont par nature, interactifs.

De fait, un réseau social désigne un site Internet ou une application mobile permettant de se constituer un réseau de connaissances, d'amis ou de relations professionnelles, avec lesquels on interagit en temps réel. Ce réseau facilite des échanges et capte une part significative du temps discrétionnaire des consommateurs, réduisant ainsi l'efficacité des moyens de communication traditionnels.

Pour comprendre comment les influenceurs tirent profit des réseaux sociaux pour interagir avec leur audience et collaborer avec des marques, il est essentiel de distinguer les différents formats de communication disponibles, et notamment de différencier les Reels, les pages Explorer, les Carrousels et les Stories.

## FICHE PRATIQUE

### LES OUTILS DE COMMUNICATION DES RÉSEAUX SOCIAUX

- Les « Reels » sont des vidéos courtes, généralement comprises entre 15 et 90 secondes, conçues pour capter l'attention rapidement et favoriser l'engagement. Leur succès repose sur l'usage de tendances musicales ou visuelles, une narration concise et l'intégration d'éléments interactifs (sous-titres, transitions, effets visuels). Ils sont accessibles depuis un onglet dédié et sont également susceptibles d'apparaître dans le fil d'actualité, la page Explorer ou même les résultats de recherche.

- La « page Explorer », ou *Explore*, est une interface de découverte personnalisée, accessible sur l'application Instagram via l'icône en forme de loupe. Elle propose à chaque utilisateur une sélection de contenus qui ne proviennent pas nécessairement des comptes suivis, mais qui sont jugés pertinents en fonction du comportement passé d'un internaute (type de publications « likées », *hashtags* explorés, contenus sauvegardés, comptes similaires consultés, etc.). Cette page permet à des marques d'être découvertes par des audiences nouvelles, au-delà de leur communauté directe.

- Les « Carrousels » désignent un format de publication permettant de partager plusieurs contenus visuels au sein d'un même post, sous forme de diaporama que l'utilisateur fait défiler horizontalement. Chaque Carrousel peut contenir jusqu'à dix éléments, qu'il s'agisse de photos, de vidéos ou d'un mélange des deux. Les Carrousels sont souvent valorisés par les algorithmes en raison de leur capacité à prolonger le temps durant lequel l'internaute reste sur une publication, ce qui constitue un signal fort d'engagement. Les Carrousels favorisent également les interactions indirectes telles que les sauvegardes ou les partages. Ce format permet une densité d'information élevée tout en maintenant l'attention de l'audience sur une longue période.

- Les « Stories » sont des contenus visuels éphémères – photos, vidéos ou textes – accessibles pendant 24 heures. Les Stories s'affichent en haut de l'interface utilisateur, favorisant leur visibilité immédiate. Elles permettent une grande spontanéité de publication et offrent de nombreuses options d'interaction (stickers, sondages, quiz, liens, curseurs d'émotion, etc.), favorisant le lien émotionnel avec la communauté.

## Les caractéristiques des réseaux sociaux

Dans un monde où la bataille pour capter l'attention des consommateurs est féroce, il est important de faire preuve d'agilité et d'innovation tout en suivant l'évolution des comportements et du rapport au média. Il convient d'être connu et reconnu, pour ne pas être oublié, d'attirer et de susciter l'envie, et enfin de se démarquer dans un paysage publicitaire très concurrentiel. Pour ce faire, il existe une palette d'outils permettant de diffuser un message auprès d'une large cible. La difficulté réside souvent dans le choix du ou des réseaux à utiliser : où et comment communiquer ? Médias traditionnels (radio, télévision, cinéma, affichage) ou nouveaux médias (réseaux sociaux) ?

En ce qui concerne les réseaux sociaux, le choix est large : Facebook, Twitter, LinkedIn, Instagram, TikTok, etc. Ils peuvent être catégorisés en 3 types principaux :

- les réseaux sociaux professionnels tels que LinkedIn ou Xing ;
- les réseaux sociaux de divertissement comme TikTok ou Snapchat ;
- les réseaux sociaux d'échange comme Twitch ou Discord.

Il n'est ni nécessaire ni toujours recommandé de développer sa marque sur tous les réseaux sociaux existants. Chaque canal présente ses avantages et ses particularités. Le choix dépend principalement des activités de l'entreprise, de son public cible et de sa popularité sur les différents sites. Plus l'entreprise compte d'abonnés sur ses plateformes de marque, plus elle accroît la probabilité que ses messages touchent un grand nombre de prospects.

# FICHE PRATIQUE

## CHOIX DU CANAL DE COMMUNICATION

Pour les équipes marketing, la gestion de plusieurs comptes sur différents réseaux sociaux peut être chronophage. Il est donc préférable de concentrer ses efforts de communication sur quelques canaux plutôt que de disperser ses ressources financières et humaines. Certains types de contenu fonctionnent mieux sur certaines plateformes. Ainsi, par exemple, Instagram est axé sur les images et les vidéos visuelles, tandis que Twitter est centré sur des messages courts et rapides. Le choix de communiquer sur un réseau en particulier repose sur plusieurs critères principaux, et notamment les objectifs, la cible, les compétences et les ressources de l'entreprise.

*Objectifs poursuivis*

- Construire une communauté fidèle autour de la marque

Il s'agit d'inciter les clients à suivre les actualités de la marque, à réagir à ses communications et à engager la discussion. L'interaction et la reconnaissance des clients fidèles permettent de créer le sentiment d'appartenance à une communauté de marque en ligne. La proximité qu'un internaute entretient avec d'autres clients d'une marque renforce son identification à cette dernière. Les plateformes permettant des discussions entre membres, comme Facebook, sont alors à privilégier.

- Générer des prospects qualifiés/recruter de nouveaux talents

Ici, il s'agit plutôt de se faire connaître et/ou d'être recommandé. Pour ce faire, ce sont surtout des outils comme Instagram ou TikTok qui sont efficaces, car ils permettent de mettre en avant un influenceur utilisant/portant une marque par exemple.

- Augmenter les ventes

Pour augmenter ses ventes, il est important de créer des ponts entre le réseau social et le site marchand de l'entreprise. Instagram, qui permet l'utilisation de *hashtags* renvoyant vers la marque, constitue un réseau clé. Également, les publications avec des *hashtags* permettent d'améliorer en général le taux d'impression et le taux d'engagement. Par ailleurs, des campagnes d'e-mailing peuvent mettre en avant une promotion temporaire pour créer un sentiment d'urgence.

- Accroître la notoriété/réputation de la marque ou entreprise

Des médias plus traditionnels, comme l'affichage ou la presse, permettent à la marque/l'entreprise d'être connue par les prospects en les rendant visibles sur des supports pertinents pour la cible.

- Établir l'expertise dans le domaine d'activité

Un outil comme LinkedIn, associé à une dimension professionnelle, permet de partager l'expertise de l'entreprise avec des exemples concrets et ouvre à des collaborations avec des influenceurs experts du domaine qui ont une audience professionnelle.

- Collecter des avis et des retours d'expérience clients/tester de nouvelles idées ou produits

Un outil de CRM, tel que HubSpot, permettant de contacter les clients et de faire des sondages serait utile.

*Cibles de communication*

Une fois les objectifs définis, il est crucial de connaître sa cible pour savoir où prospecter. En combinant les caractéristiques connues des différents réseaux (population, tranche d'âge, habitudes de consommation, etc.), il devient possible de choisir le réseau social le plus adapté. Par exemple, pour une créatrice d'objets écoresponsables, pour l'entretien de la maison ou les jeunes enfants, il semble plus simple d'aller chercher ses clientes sur Instagram. *A contrario*, pour une décoratrice d'intérieur spécialisée dans l'aménagement de bureaux, il s'agira plutôt de prospecter activement sur LinkedIn. Le marketing de contenu, la publicité native et le marketing d'influence sont interconnectés et très efficaces pour atteindre les jeunes audiences.

*Compétences internes*

Sur les réseaux sociaux, le format qui plaît souvent le plus reste la vidéo. Cependant, l'usage de cet outil demande une expertise particulière pour créer un contenu de qualité susceptible d'attirer et d'engager des internautes. Cela suppose des compétences en rédaction pour produire des messages clairs et engageants, en design graphique pour créer des visuels attrayants, en réalisation et montage de vidéos, ainsi qu'en photographie pour capturer et éditer des images de haute qualité.

Il faut donc considérer le type de contenu qu'il est possible de produire en utilisant des ressources internes. Les compétences en SEO (Search Engine Optimisation : correspondant au référencement naturel) et en SEM (Search Engine Marketing : correspondant au référencement payant) sont aussi nécessaires pour augmenter la visibilité des contenus. La connaissance de la gestion de campagnes publicitaires sur les différents réseaux, incluant non seulement la création d'annonces mais aussi le ciblage des audiences, est également cruciale.

*Ressources financières et humaines*

Le développement et le partage de communications sur les plateformes des réseaux sociaux peuvent être chronophages. Afin d'obtenir des résultats significatifs, il faut passer du temps pour créer un contenu attrayant qui va séduire des clients actuels ou potentiels et générer de l'interaction entre les marques et les consommateurs. Par ailleurs, les leviers marketing choisis ne seront pas les mêmes selon les ressources financières qui peuvent être consacrées à la communication. Un spot publicitaire à la télévision ou à la radio est souvent plus cher qu'une communication sur les réseaux sociaux.

## La communication sur les réseaux sociaux

Les réseaux sociaux se sont intégrés durablement dans le quotidien des consommateurs. Les utilisateurs peuvent non seulement s'informer sur Internet mais aussi partager leurs émotions et leurs opinions sur des plateformes digitales, et ceci à tout moment, grâce à leur smartphone. Le partage de données (informations, photos, vidéos, etc.) peut constituer un moyen ou une fin dans cette optique de partage, où l'accès prime sur la possession et la collaboration sur l'individualité.

# FICHE PRATIQUE

## LES BÉNÉFICES POUR UNE MARQUE DE COMMUNIQUER VIA LES RÉSEAUX SOCIAUX

*Toucher une cible de consommateurs plus précise*

Les réseaux sociaux permettent d'atteindre un public pertinent. Ainsi, une communication sur plusieurs plateformes par exemple peut permettre de toucher des clients potentiels avec une approche très ciblée. Les algorithmes permettent de diffuser des publicités personnalisées en fonction des caractéristiques démographiques, des centres d'intérêt et du comportement des utilisateurs, ce qui permet aux annonceurs de toucher des audiences spécifiques. Les publicités peuvent être affichées en fonction de ces données, optimisant ainsi l'efficacité des campagnes publicitaires et minimisant les dépenses inutiles.

*Interagir plus facilement avec ses clients*

Les réseaux sociaux facilitent une communication fluide entre l'entreprise et sa clientèle grâce aux avis et commentaires, aux messages directs et aux réponses aux publications, renforçant ainsi la relation entre une marque et ses clients.

*Accroître la connaissance de la marque*

Les entreprises peuvent renforcer la notoriété de leur marque en partageant du contenu sur l'entreprise, ses valeurs et ses actualités. Les images et les vidéos permettent aux marques de raconter leur histoire de manière plus immersive et créative. Cela contribue à créer une image positive et mémorisable de la marque et à développer des communautés solides.

*Suivre les réactions des clients de façon instantanée*

Les réseaux sociaux permettent de recueillir rapidement des commentaires sur les publications, facilitant l'identification des points forts et des faiblesses, rendant possible l'amélioration continue.

*Renforcer la visibilité de la marque*

Les utilisateurs peuvent partager facilement du contenu intéressant, ce qui peut conduire à une « diffusion virale » de visuels ou de vidéos, augmentant ainsi la portée et la visibilité de la marque.

*Garder un œil sur ses concurrents*

En suivant les comptes ouverts par des concurrents sur les réseaux sociaux, les entreprises restent informées des actions des principaux acteurs et des tendances du marché, ce qui leur permet d'ajuster leur propre stratégie si nécessaire.

**Astuce : Les marques et le « social purpose »**

Pour Ogilvy Paris, la communication sur les réseaux sociaux doit intégrer la notion de « social purpose », correspondant au fait de communiquer de façon utile et pertinente pour les consommateurs plutôt que de seulement promouvoir sa marque. Selon Ogilvy Paris, « quand on sait pourquoi on est là et ce qu'on apporte aux consommateurs, ça ouvre un boulevard créatif, permettant d'explorer des nouveaux territoires sur des plateformes ultra saturées. La communication sur les réseaux sociaux ne peut pas seulement être une déclinaison d'un message conçu pour un média traditionnel, mais doit être pensée de façon indépendante et parfois même avant toute communication sur les médias traditionnels. »

La campagne autour du lancement de la deuxième saison de la mini-série *Bref* illustre parfaitement, d'après Claire Mariat, cette démarche de *social purpose*, en ce qu'elle est d'abord partie de la communication sur les réseaux sociaux pour s'étendre ensuite sur les canaux traditionnels. L'objectif de la publicité sur les réseaux sociaux était de créer un phénomène de bouche à oreille, nourri notamment par les fans de la première saison. Cette stratégie a bien fonctionné selon Claire Mariat, suscitant un intérêt viral pour *Bref.2* et lançant même une *trend* (tendance) de vidéos montées « façon Bref » sur les réseaux sociaux.

## L'ESSENTIEL

- Les réseaux sociaux sont devenus le théâtre d'une nouvelle forme d'expression et de relation entre les marques et les individus.
- Chaque canal de communication propose ses formats, ses rythmes et ses règles auxquels les marques et les influenceurs doivent s'adapter.
- Pour exister dans un flux continu de communication et d'information, la marque doit incarner un ton, une vision, et offrir une véritable valeur perçue.
- Dans cet espace sursaturé, la question centrale est de savoir comment parvenir à se différencier pour émerger et susciter l'engagement des internautes.

# Chapitre 13
# Les algorithmes et l'influence

## *Executive summary*

- **Les algorithmes** déterminent la visibilité des contenus.
- **Les influenceurs** doivent comprendre les mécanismes des plateformes pour optimiser la portée de leurs publications.
- **La compréhension des algorithmes** crée aussi une pression et peut affecter la qualité du contenu des créateurs.
- **Comment** les influenceurs peuvent-ils optimiser leur stratégie tout en évitant une approche trop opportuniste ?

## Le fonctionnement des algorithmes

Le *Larousse* définit l'algorithme comme un « ensemble de règles opératoires dont l'application permet de résoudre un problème énoncé au moyen d'un nombre fini d'opérations. Un algorithme peut être traduit, grâce à un langage de programmation, en un programme exécutable par un ordinateur[1]. »

Un algorithme détermine quelles publications les utilisateurs voient sur un réseau social, à quel moment et à quelle fréquence. Chaque plateforme détermine ses propres critères concernant les algorithmes, ce qui lui permet d'avoir un plus grand engagement envers le contenu publié sur les réseaux. Par exemple, sur Instagram, l'algorithme de la plateforme prend en compte les réactions comme les *likes* mais aussi les commentaires authentiques, les partages et les sauvegardes d'un contenu. Par ailleurs, l'algorithme prend en compte le temps passé par un internaute sur un message, révélateur de l'attention et de l'intérêt réel pour un contenu.

Chaque utilisateur se voit proposer un fil d'actualité individualisé, dans lequel les publications sont hiérarchisées non plus selon leur ordre chronologique, mais selon leur pertinence estimée à partir de comportements antérieurs : type de contenu préféré, format le plus consommé (« Reels », « Stories », « Carrousels »), thématiques les plus explorées. Ainsi, une marque ne peut plus se contenter d'une stratégie éditoriale standardisée ; elle doit segmenter sa communication, adapter ses formats et soigner ses points de contact selon les préférences implicites de son audience cible.

1. « algorithme », (2025) *Larousse*.

## FICHE PRATIQUE

### LE CSA (CONSEIL SUPÉRIEUR DE L'AUDIOVISUEL) IDENTIFIE DIFFÉRENTS ALGORITHMES[2]

Algorithmes liés au contenu : les algorithmes fonctionnent à partir du sujet ou de mots-clés.

Algorithmes liés aux utilisateurs : les algorithmes prennent en compte les utilisateurs pour associer un contenu à un profil.

Algorithmes liés aux recommandations : en fonction des comportements passés d'un internaute, l'algorithme recommande un contenu.

Pour communiquer sur les réseaux sociaux de façon efficace, il est essentiel de comprendre comment fonctionnent les algorithmes pour optimiser la portée d'un message et le niveau d'engagement de l'audience par rapport à ce message. Dans un environnement numérique, où l'attention est une ressource rare et disputée, les messages les plus performants sont ceux qui sont diffusés après une analyse des profils et des attentes des consommateurs ciblés.

## AVIS D'EXPERTE

**Karen Arko** | Social Ads Expert & Growth Strategist de TikTok France

### Le fonctionnement des algorithmes selon les plateformes

TikTok renforce ses performances en :

1. présentant le contenu le plus pertinent avec une personnalisation poussée ;
2. proposant une découverte continue de nouvelles vidéos ;
3. définissant un format de vidéo courte intégrant souvent des éléments musicaux et une forte interaction sociale.

2. « Terminologies autour des algorithmes de recommandation des plateformes de contenus numériques », *Conseil supérieur de l'audiovisuel*, 12 novembre 2019.

L'algorithme peut aussi varier à l'intérieur d'une même plateforme selon les espaces consultés : fil d'actualité, page Explorer, Reels, Stories. Les Reels bénéficient d'un traitement algorithmique favorisant les vidéos courtes, créatives et engageantes ; quant à la page Explorer, elle repose sur un système de recommandation basé sur l'analyse comportementale fine, visant à élargir l'horizon de découverte de l'utilisateur.

## L'utilisation des algorithmes par les influenceurs

Pour un influenceur, la compréhension des algorithmes peut lui permettre d'améliorer la visibilité de ses communications sur les pages Internet consultées par ses abonnés. Par ailleurs, certains contenus peuvent être soumis à des restrictions imposées par les algorithmes d'une plateforme (par ex. un post véhiculant de fausses informations ou des discours haineux). Une baisse de la visibilité en cas de censure peut réduire la croissance de son audience.

Les influenceurs peuvent s'essayer à plusieurs stratégies de posts et reproduire les contenus qui fonctionnent le mieux en termes d'engagement. Le suivi et la compréhension des algorithmes reposent aussi sur une veille constante, une maîtrise stratégique des *hashtags* et mots-clés, une exploitation intelligente des nouvelles fonctionnalités, et une capacité à analyser et interpréter les données fournies par les plateformes. Il y a dès lors un risque que l'optimisation des performances en « jouant » avec les algorithmes devienne une obsession pour un influenceur. Certains influenceurs deviennent obsédés par les statistiques de chacun de leur post par crainte de perdre des revenus, mais aussi par peur de disparaître[3]. Pour l'influenceur, le suivi constant de ses performances est anxiogène car une contre-performance sur une seule vidéo peut lui donner l'impression que toute son activité est en péril.

3. Caillebotte É., « "L'algorithme rythme leurs pics de stress" : les influenceurs face au risque de burnout, *BDM*, 23 décembre 2024.

## *L'ESSENTIEL*

- Les mécanismes des algorithmes qui génèrent des mises en avant des contenus les plus récents imposent aux créateurs une pression constante pour rester visibles.
- Au-delà du caractère récent d'un contenu, les algorithmes déterminent ce qu'un internaute va visionner en fonction de son profil et ainsi guider le choix de mettre en avant une communication particulière à un instant *t*.
- Le jeu d'optimisation pour être favorisé par les algorithmes peut nuire à la liberté d'expression ou pousser à des pratiques opportunistes. Cependant, la façon dont les algorithmes arbitrent n'est pas toujours facile à décoder pour les influenceurs.

# Chapitre 14
# L'image des influenceurs auprès des internautes

## *Executive summary*

- La perception qu'ont les consommateurs des influenceurs est marquée par l'importance de la proximité, l'authenticité et la cohérence dans le positionnement.
- Les internautes développent un lien particulier avec certains influenceurs, appelé « interaction parasociale ».
- Le fait de suivre ou de vouloir s'identifier à des influenceurs n'est pas sans risque pour les internautes.
- Comment les influenceurs peuvent-ils développer une relation vertueuse avec les internautes ?

## La relation des internautes avec les influenceurs

La notion d'authenticité figure comme l'une des différences majeures entre la perception de la publicité classique (TV, radio, presse) et les communications qui sont véhiculées par les influenceurs. En effet, les consommateurs font davantage confiance à un message partagé par un influenceur, qu'il juge plus authentique, qu'à une publicité classique. Toutefois, la crédibilité des influenceurs a décliné en raison de la multiplication des partenariats véhiculant des messages parfois perçus comme non authentiques, car jugés trop commerciaux par les consommateurs.

L'opinion des consommateurs français à l'égard des influenceurs est ambivalente, oscillant entre méfiance et suivi des recommandations, notamment chez les plus jeunes. Ils sont tout à la fois séduits par les influenceurs qui représentent une source d'inspiration et d'admiration, mais aussi inquiets des conséquences sur la tendance à une surconsommation. Par ailleurs, si certains internautes sont plutôt contents lorsque les influenceurs qu'ils suivent développent de belles collaborations, renforçant leur légitimité et leur apportant une certaine sécurité, d'autres sont très vigilants sur le type de collaborations mises en place en termes de profils de marques partenaires.

La littérature sur le marketing d'influence suggère que la perception qu'ont les consommateurs de la proximité et les valeurs perçus d'un influenceur ainsi que son expertise et ses compétences perçues jouent un rôle crucial dans la formation de son pouvoir de persuasion (Taillon *et al.*, 2020[1]).

L'efficacité de la communication d'un influenceur auprès de sa communauté dépend des contenus qu'il diffuse, en termes d'intérêt des sujets, d'informations utiles partagées, de fréquence des posts mais aussi de la forme donnée aux contenus, c'est-à-dire du ton et

1. Taillon B. J. *et al.*, "Understanding the relationships between social media influencers and their followers: the moderating role of closeness", *Journal of Product & Brand Management*, vol. *29* (6), 2020, p. 767-782.

du format narratif employé, renforçant l'engagement du public. Par exemple, des descriptions évocatrices des émotions ressenties lors d'une expérience créent une impression multisensorielle qui résonne dans l'imaginaire du consommateur et renforce l'engagement de l'audience.

Nous pouvons tout d'abord définir, d'un point de vue théorique, la notion d'engagement. L'engagement dans le marketing a été principalement mesuré dans le contexte de la relation consommateur-marque. Les recherches en comportement du consommateur, comme celles de Brodie[2] ou de Chae, Rodríguez-Vilá et Bharadwa[3],définissent le concept d'engagement envers une marque comme se manifestant par les interactions comportementales positives et négatives des consommateurs avec une marque (recommandations, critiques, interactions, participations à des évènements) et tous ses éléments constitutifs (contenu de marque, autres consommateurs, etc.), au-delà de simples transactions, qui résultent de leur intérêt et de leur engagement envers la marque.

Par ailleurs, l'engagement est mesuré avec une batterie de questions permettant de capturer le degré d'affection, de traitement cognitif et d'activation. L'engagement est étroitement lié à l'attachement qui implique une volonté de consacrer du temps, des efforts et des ressources pour maintenir et renforcer la relation (commentaires, partage d'une publication). De nombreuses recherches montrent que le retour sur investissement est en général supérieur quand les marques collaborent avec des micro-influenceurs car ils ont une communauté plus engagée.

2. Brodie R. J. *et al.*, "Consumer engagement in a virtual brand community: An exploratory analysis", *Journal of business research*, vol. 66 (1), 2013, p. 105-114.

3. Chae M. J., Rodríguez-Vilá O., Bharadwaj S., "Real-time marketing messages and consumer engagement in social media, *Journal of Business Research*, vol. 191, 2025.

## FICHE PRATIQUE

### LES INFLUENCEURS ET L'INTERACTION PARASOCIALE

Selon le concept de l'interaction parasociale (Bond, 2016)[4], les internautes ont la sensation de vivre une interaction avec une personnalité médiatique comme si leur relation était personnelle, intime et réciproque, même s'ils sont conscients qu'il ne s'agit que d'une illusion. Ce concept a d'abord été étudié vis-à-vis des animateurs de télévision qui semblaient proches de leurs téléspectateurs, mais il s'est ensuite étendu aux personnages médiatiques et englobe désormais les influenceurs. En effet, les abonnés développent un sentiment d'intimité avec certains influenceurs qu'ils suivent : en imitant les relations de la vie réelle, des liens émotionnels se créent autour du désir des utilisateurs de médias sociaux de considérer leur influenceur favori comme un ami qu'ils connaissent ou un conseiller de confiance qu'ils vont suivre (Reinikainen *et al.*, 2020)[5]. Les abonnés qui apprécient les interactions régulières avec un influenceur développent ainsi une interaction parasociale élevée menant à des intentions d'achat plus fortes pour les produits recommandés par l'influenceur avec lequel ils sont en relation.

La relation aux influenceurs peut aussi s'étudier sous l'angle des attentes des abonnés. Les chercheurs Dinh et Lee (2022)[6] identifient au sein de l'influence des leviers connus en comportement du consommateur, comme celui de vouloir imiter les comportements de personnes que l'on admire notamment pour leur ressembler, d'obtenir des biens associés à une certaine forme de bonheur, de s'assurer que l'on est "dans le coup" et enfin d'afficher son appartenance à une classe sociale ou une communauté.

---

4. Bond B. J., "Following your 'friend': Social Media and the Strenght of Adolescents' Parasocial Relationships with Media Personae", *Cyberpsychology, Behavior, and Social Networking*, vol. 19, octobre 2016, p. 656-660.
5. Reinikainen H. et al., "'Your really are a great big sister' - Parasocial Relationships, Credibility and the Moderating Role of Audience Comments in Influencer Marketing", *Journal of Marketing Management*, vol. 36, 2020, p. 279-298.
6. Dinh T. C. T., Lee Y., "'I want to be as trendy as influencers' – How 'fear of missing out' leads to buying intention for products endorsed by social media influencers", *Journal of Research in Interactive Marketing*, vol. 16(3), 2022, p. 346-364.

Tableau 14.1 – Les attentes des internautes envers les influenceurs

| Attentes | Description | Impact |
|---|---|---|
| Désir d'imitation | Vouloir imiter le style de vie des influenceurs | Adoption de comportements similaires |
| Comparaison sociale | Comparer sa vie à celle des influenceurs | Sentiment d'infériorité, motivation pour rapprocher son statut de celui de l'influenceur |
| Matérialisme | Associer bonheur et réussite à la possession matérielle | Consommation accrue de biens pour atteindre ses objectifs de vie |
| Peur de manquer quelque chose | Peur de rater des expériences ou des tendances | Achats impulsifs pour éviter l'exclusion sociale |
| Consommation ostentatoire | Achat de biens pour afficher son statut social | Démonstration de richesse pour impressionner les autres |

Les consommateurs peuvent suivre des influenceurs pour admirer leur style de vie, parfois idéalisé. Cela peut les pousser à acheter les produits recommandés par les influenceurs pour tenter de reproduire ou d'atteindre ce mode de vie.

## Suivre un influenceur : quels risques les internautes prennent-ils ?

Dans quelle mesure les influenceurs poussent-ils à la consommation, voire à la surconsommation ? Comme nous l'avons déjà évoqué, les influenceurs ne sont pas seulement des messagers des marques mais ils produisent avant tout des contenus organiques qui intéressent leur communauté. Cependant, on ne peut pas nier que la collaboration avec les marques fait partie du travail des influenceurs. Les influenceurs doivent dès lors faire preuve de discernement pour promouvoir des marques et produits qui correspondent à leurs valeurs et aux besoins de leur audience.

On peut ensuite s'interroger sur l'efficacité de ces activités promotionnelles et leurs mécanismes, en partant bien sûr du principe qu'il s'agit de communications pertinentes pour la cible visée. Certaines recherches académiques mettent en avant des opinions ambivalentes sur les influenceurs à ce sujet. Ainsi, Tristan Durvené souligne dans ses recherches que « les influenceurs sont parfois critiqués, sur fond de jalousie, pour la vie qu'ils montrent : une vie de loisir et de divertissement dans laquelle on peut gagner de l'argent en racontant simplement sa vie et ses achats sur Internet. Ce modèle "hédoniste" entre en confrontation avec la valorisation l'effort, du mérite et de la "valeur travail" dans nos sociétés occidentales[7]. »

Les adolescentes et adolescents se trouvent par ailleurs particulièrement exposés au risque de développer un trouble de perception de l'apparence. À force de visionner des contenus retouchés, filtrés, montrant des corps qui n'existent pas dans la réalité, ils peuvent développer une vision erronée de leur propre corps. Cette exposition peut provoquer un sentiment de mal-être et de dépression.

À ce sujet, les députés français ont approuvé la création d'une commission d'enquête sur les effets psychologiques de TikTok sur les enfants et les adolescents, le réseau social étant particulièrement populaire chez les jeunes. Créée le 13 mars 2025, cette commission est chargée :

- « d'étudier et de quantifier les dispositifs de captation de l'attention utilisés par TikTok ainsi que leurs effets psychologiques ;
- d'examiner les risques liés à l'exposition des jeunes utilisateurs aux contenus dangereux et à l'addiction numérique sur la plateforme ;
- de proposer des mesures concrètes visant à protéger les mineurs ;

7. Duverné T., « De la reconnaissance d'un statut légal "d'influenceur" à son rejet par les concernés : une mise en perspective "par le bas" de la loi », *Négocier les futurs possibles : formes et expériences du politique*, Doctoriales du LAP : Paris EHESS, 6 décembre 2023.

– d'effectuer une analyse comparative des algorithmes de recommandation et des dispositifs de protection des mineurs mis en œuvre par TikTok et par sa version chinoise Douyin[8]. »

## La perception des posts des influenceurs par les internautes

Certains éléments clés de la communication renforcent l'impact qu'un message peut avoir sur son audience et notamment les caractéristiques perçues de la source du message. En effet, le caractère persuasif d'une communication sur les réseaux sociaux dépend fortement de la perception que les consommateurs ont de l'influenceur. La crédibilité de l'émetteur joue un rôle crucial et se compose de deux dimensions : la confiance et l'expertise. La confiance se réfère à l'honnêteté, à la crédibilité et à la moralité de l'endosseur, tandis que l'expertise renvoie à la compétence, aux connaissances et aux aptitudes de l'endosseur. Son attractivité est déterminée par des facteurs tels que l'apparence physique, la similarité perçue, la familiarité et l'affection. Ces facteurs contribuent à l'identification des consommateurs avec la source, augmentant ainsi la probabilité qu'ils adoptent ses croyances, attitudes et comportements, y compris les produits qu'elle utilise. Nous retrouvons ainsi des règles de communication dans les mécanismes qui permettent à un influenceur de capter l'attention et de rendre ses contenus persuasifs, comme celles présentées dans le tableau ci-dessous.

8. Commission d'enquête sur les effets psychologiques de TikTok sur les mineurs, Assemblée nationale, 13 mars 2025.

Tableau 14.2 – Traitement de l'information par les internautes

| | |
|---|---|
| **Crédibilité de la source** | La crédibilité inclut la confiance et l'expertise de l'endosseur. |
| **Attractivité de la source** | L'apparence et l'attractivité influencent la persuasion. |
| **Familiarité de la source** | La familiarité se réfère à la connaissance par l'exposition. |
| **Affection envers la source** | L'affection est liée à l'apparence physique et au comportement. |
| **Similarité avec la source** | La ressemblance supposée avec le récepteur du message. |
| **Identification à la source** | Lorsque les consommateurs s'identifient à la source, ils sont plus susceptibles d'adopter ses comportements. |

On peut ensuite s'intéresser à la façon dont les consommateurs vont traiter les informations provenant d'un influenceur qu'ils jugent crédible. Le Modèle de Probabilité d'Élaboration (ELM), introduit par Petty et Cacioppo[9], propose deux voies pour expliquer comment les individus traitent les messages persuasifs.

- La voie centrale (traitement cognitif approfondi) : les consommateurs analysent et évaluent attentivement les arguments, le contenu et la crédibilité du message avant de prendre une décision. Les consommateurs sont sensibles à l'expertise, à la sincérité et à l'intégrité de l'influenceur.
- La voie périphérique (traitement rapide et superficiel du message) : les consommateurs prennent des décisions basées sur des indices secondaires, sans évaluer profondément le contenu. Les décisions sont influencées par des indices superficiels (ex : apparence de l'influenceur, popularité, nombre d'abonnés).

Enfin, on peut noter trois conséquences lorsque la source est considérée de façon favorable et que le message est bien perçu :

9. Petty R. E., Cacioppo J. T., "The Elaboration Likelihood Model of Persuasion", *Advances in Experimental Social Psychology*, vol. 19, 1986, p. 123-205.

1. Apprentissage social : les consommateurs imitent le comportement des sources, y compris les produits qu'elles utilisent ;
2. Transfert de signification : les réponses affectives positives envers les sources peuvent se transférer aux produits ;
3. Relation parasociale (PSI) : les relations parasociales sont développées avec des personnes qui influencent l'adoption de comportements.

## L'ESSENTIEL

- Si les consommateurs regrettent les comportements déviants de certains influenceurs, ils gardent une bonne image auprès de ceux qu'ils suivent.
- L'opinion dépend de la capacité à maintenir une relation de confiance tout en répondant aussi à des logiques commerciales.
- Le fait de suivre des influenceurs peut avoir des conséquences négatives sur les internautes. Il est important non seulement qu'ils en soient conscients, mais aussi qu'ils soient protégés par des textes de loi et des règles claires.
- La question reste de savoir jusqu'où cette relation peut-elle rester équilibrée.

## Chapitre 15

# Les motivations pour suivre un influenceur

### *Executive summary*

- **Les raisons** de suivre un influenceur varient selon les consommateurs et les attentes qu'ils développent.
- **L'authenticité** dans les prises de paroles de l'influenceur ainsi que la transparence dans ses partenariats sont des conditions essentielles d'adhésion.
- **Comment** un influenceur peut-il rester authentique et encourager des comportements responsables tout en collaborant avec des marques ?

## Les facteurs qui poussent à suivre un influenceur

Les professionnels du marketing et les chercheurs en comportement du consommateur s'intéressent aux raisons pour lesquelles les consommateurs suivent des influenceurs. Il s'agit de comprendre les mécanismes sociologiques et psychologiques qui incitent un individu à lire les communications d'un influenceur et à suivre ses recommandations. Ce point est également essentiel pour les marques afin qu'elles collaborent avec les influenceurs qui susciteront le plus d'enthousiasme et développent avec eux des contenus pertinents qui donneront envie aux consommateurs de lire, partager et réagir aux posts de l'influenceur choisi. Les internautes recherchent par exemple des influenceurs qui prennent la parole de façon originale et pertinente, qui partagent une passion, un point de vue sur des expériences ou des informations utiles, etc.

Les articles académiques qui étudient les principales motivations des consommateurs mettent en avant la recherche d'information, d'inspiration, de divertissement et de lien social. Les attentes clés tournent autour de la perception qu'un influenceur est expert dans son domaine, a des similarités avec ses abonnés et est une personne aimable (Karahan, 2025)[1]. Par ailleurs, la communauté apprécie toujours l'interactivité qui est rendue possibles sur les plateformes des influenceurs. Cela exige que les influenceurs prennent le temps de lire les commentaires et d'y répondre de la façon la plus personnalisée possible.

Certains internautes ont des attentes particulières et un même consommateur n'aura pas toutes ces attentes, ce qui incite les influenceurs à bien connaître leur audience afin d'adapter leur contenu de sorte qu'il soit pertinent pour leurs abonnés.

1. Karahan M. O., "How Social Media Influencers Shape Online Impulsive Buying: The Mediating Role of Parasocial Interaction", *Tourism & Management Studies*, nº 21(1), 16 février 2025, p. 113-125.

Selon Claire Decommer, Deputy Director of Reech Influence Cloud's Development, le rapport de l'agence Reech sur les motivations principales des internautes à suivre un influenceur dévoile que ces dernières tournent autour du divertissement, de l'inspiration et des apprentissages. « Le divertissement est plus présent chez les 18-34 ans. Chez les 35 ans et plus, l'information est plus présente[2]. » Enfin, le rapport souligne l'importance de la recherche d'inspiration.

Le tableau ci-après résume les principales motivations telles qu'identifiées par les chercheurs Croes et Bartels[3].

Tableau 15.1 – Motivations principales à suivre des influenceurs

| Motivations | Description | Impact |
|---|---|---|
| Appartenir à une communauté | Partager des informations avec ses pairs | Favorise le sentiment d'appartenance à une communauté informée et engagée |
| Rechercher des informations | Acquérir des connaissances, avoir des conseils ou des avis d'experts | Réduit le risque perçu lors des décisions d'achat grâce à la confiance en l'expertise des influenceurs |
| Connaître les tendances | Suivre des influenceurs pour rester à la mode ou pour appartenir à un groupe | Contribue à la construction de l'identité sociale et au besoin de conformité avec le groupe |
| Se rapprocher/ suivre une personne | Partager le quotidien d'un influenceur qu'on apprécie et avoir le sentiment de le connaître | Crée une relation parasociale, où les influenceurs sont perçus comme des amis virtuels |

2. Source : Marketing d'influence : l'étude Reech 2025, 9e éd.

3. Croes E., Bartels J., "Young adults' motivations for following social influencers and their relationship to identification and buying behavior", *Computers in Human Behavior*, vol. 124, novembre 2021.

| Motivations | Description | Impact |
|---|---|---|
| Se divertir | Se détendre avec du contenu humoristique/divertissant | Offre un moment d'évasion, de plaisir et de déconnexion des pressions quotidiennes |
| Rompre la solitude | Recréer une connexion sociale avec la communauté | Interagir avec un contenu et rebondir sur les commentaires des autres personnes |
| Occuper un temps mort | Remplir le temps libre ou suivre une routine | Répond à un besoin de passer le temps, créant une routine de consommation de contenu |
| Découvrir et bénéficier d'offres | Obtenir des codes de réduction sur de nouveaux produits | Stimule la fréquence d'achat de produits recommandés |
| | | Accroît l'engagement avec les contenus de marque |
| S'évader | Vivre le même style de vie luxueux ou enviable que les influenceurs | Accroît la fréquence d'achat |
| | | Permet de se rapprocher d'un idéal |

Par ailleurs, un autre bénéfice attendu, que l'on retrouve dans les recherches académiques sur les motivations à suivre des influenceurs, est celui de la recherche d'inspiration. Les chercheurs Ki, Park et Kim[4] ont interrogé 455 consommateurs américains (52,3 % hommes et 47,7 % femmes) âgés de 18 à 49 ans via un questionnaire en ligne. Leurs travaux ont mis en avant le fait que les internautes

4. Ki C.-W., Park S., Kim Y.-K., "Investigating the mechanism through which consumers are 'inspired by' social media influencers and 'inspired to' adopt influencers' exemplars as social defaults", *Journal of Business Research*, vol. 144, mai 2022, p. 264-277.

souhaitaient, en étant sur les réseaux sociaux, être « inspirés par » les influenceurs et être « inspirés à » adopter les comportements des influenceurs. Ils sont ainsi :

- inspirés par l'influenceur du fait de son attractivité, sa crédibilité ou sa proximité émotionnelle ;
- et/ou inspirés à imiter les styles de vie ou les conseils de l'influenceur.

Selon ces auteurs l'inspiration commence par une stimulation pour ensuite inciter à l'action. Les influenceurs des médias sociaux utilisent leur contenu attractif, crédible, interactif et authentique pour déclencher ce processus, conduisant les consommateurs à adopter leurs recommandations et à développer un lien social fort avec eux. Cette dynamique d'inspiration permet aux influenceurs de jouer un rôle beaucoup plus large que de simples prescripteurs de marques : ils deviennent des modèles.

**Exemple : Inoxtag, inspirer son audience avec des défis**

Inoxtag, de son vrai nom Inès Benazzouz, a réussi à capter son audience en mettant en scène des défis personnels – un contenu devenu source d'inspiration pour beaucoup. En effet, son contenu mêle « authenticité, audace et storytelling[5] » : « nager avec des requins, survivre sept jours sur une île déserte ou encore réaliser Paris-Roubaix à vélo[6] ». Son dernier défi – « Kaizen » – pour gravir l'Everest a été un énorme succès : « en seulement 24 heures, le documentaire cumule 11 millions de vues, un record exceptionnel selon YouTube. 340 000 billets sont vendus, dont 40 000 à l'étranger pour les avant-premières en cinéma avant sa diffusion gratuite en ligne. Deux mois après sa sortie, le documentaire cumule 40 millions de vues et plus de 140 000 commentaires. Inoxtag lui, a gagné plus de 400 000 abonnés[7]. »

Pour Raphaël Demnard cela souligne l'importance pour les influenceurs d'avoir « des rêves et projets personnels forts et originaux, qui les différencient des autres influenceurs et des IA ».

5. LEVIN J., LABIOT J.-P., « Inoxtag : anatomie d'un succès ! », *Euronews*, 3 janvier 2025.
6. *Ibid.*
7. *Ibid.*

## Une préférence pour des influenceurs authentiques

Les consommateurs, de façon générale, sont à la recherche de modèles de consommation vertueux et deviennent attentifs à l'engagement éthique des influenceurs qu'ils suivent. L'un des éléments clés requis pour un influenceur est donc celui de l'authenticité en ce qu'elle favorise la crédibilité, la confiance et la connexion émotionnelle avec l'influencé. Pourtant, si l'authenticité est essentielle pour les consommateurs aujourd'hui, ce concept est souvent mal compris.

**Bon à savoir : Définitions de l'authenticité**

Le terme « authentique » provient du grec *authentikos*, « ce qui fait autorité[8] », « ce dont le pouvoir, l'autorité est inattaquable[9] ». En latin, *authentia* signifie « autorité[10] ». Ce terme – *auctoritas* ou *autoritas* en latin – vient de la même famille que le mot *auctor* (« auteur »). L'adjectif « authentique », emprunté au bas latin *authenticus* qui signifie « original et bien attribué », démontre que le caractère authentique d'un objet le rend indissociable de son auteur. Ainsi, l'authenticité repose sur la perception qu'une entité est la version originale ou correspond à une représentation fidèle de ce qu'elle doit être.

Dans l'article de De Kerviler, Gentina et Heuvinck[11], les auteurs démontrent qu'il existe deux formes d'authenticité : indexicale et iconique.

- L'authenticité indexicale se fonde sur un lien direct avec les origines (géographiques, historiques) ou les fondateurs. Par exemple, un meuble design créé par un artisan italien et fabriqué avec du bois italien est perçu comme un produit authentiquement italien. Cette perception repose sur des informations objectives telles que des certificats d'origine.

- L'authenticité iconique repose sur la reproduction fidèle d'un produit, en reprenant exactement ses caractéristiques originales. Ainsi, un meuble design italien, dont le style et les matériaux sont identiques à l'original, est perçu comme authentique.

8. *Dictionnaire Quillet de la langue française*, 1975.
9. *Dictionnaire historique de la langue française*, 1998.
10. *Ibid.*
11. DE KERVILER G., HEUVINCK N., GENTINA E., "'Make an Effort and Show me the Love!' Effects of Indexical and Iconic Authenticity on Perceived Brand Ethicality", *Journal of Business Ethics*, vol. 179, 15 mars 2021, p. 1-22.

Il est essentiel de bien comprendre comment les influenceurs peuvent maintenir leur authenticité, même quand ils font la promotion de marques ou produits qui les rémunèrent. Les chercheurs Audrezet, de Kerviler et Moulard[12] ont mené une étude approfondie sur la façon dont les influenceurs gèrent leur authenticité dans un contexte où ils sont amenés à faire des partenariats pour promouvoir des marques. Les auteurs ont analysé les campagnes de 39 influenceurs et interrogé 27 influenceurs dans les domaines de la mode et du *lifestyle*. Ces travaux (Audrezet, de Kerviler, Moulard, 2020), montrent qu'il y a quatre stratégies de gestion de l'authenticité fondées sur deux critères : la passion et la transparence. La passion concerne le fait d'être motivé de manière intrinsèque plutôt qu'extrinsèque dans les collaborations avec des marques. La transparence fait référence au fait de fournir des informations factuelles par rapport au produit, service ou à la marque mise en avant lors de la collaboration (Audrezet *et al.*, 2020).

- Stratégie 1 : « l'authenticité absolue » correspond au cas où les influenceurs, en accord avec la marque, peuvent exprimer de manière libre et hautement transparente leur passion.
- Stratégie 2 : « l'authenticité féerique » correspond à la situation où les influenceurs font preuve d'une grande passion, mais contrairement au premier cas, ont une transparence assez limitée, car la collaboration avec la marque n'est pas mentionnée.
- Stratégie 3 : « l'authenticité désincarnée » représente le cas où la transparence est claire, le partenariat est clairement mentionné, mais aucune passion n'est exprimée.
- Stratégie 4 : « l'authenticité factice » qui définit la situation où la collaboration n'est pas divulguée et aucune passion n'est exprimée. Cette dernière stratégie ne concerne que très peu d'influenceurs.

12. Audrezet A., Kerviler (de) G., Moulard J. G., "Authenticity under threat: When social media influencers need to go beyond self-presentation", *Journal of Business Research*, vol. 117, 2020, p. 557-569.

Les consommateurs sont vigilants par rapport aux signes d'authenticité envoyés par les influenceurs, durant et même en dehors des moments où ils font la promotion d'un produit ou d'une marque. Il s'agit pour l'influenceur de démontrer son authenticité en tant que personne. Les marques recherchent également une valeur ajoutée en travaillant avec des créateurs de contenu qui conservent leur style et un ton naturel et sont donc aussi intéressées par la préservation d'une dimension authentique. Deux attitudes clés permettent d'être une personne authentique :

1. vivre en conformité avec ses principes/aspirations, ses goûts, ses préférences, ses talents et ses réactions affectives ;
2. se présenter aux autres d'une manière qui soit fidèle à ces mêmes principes, aspirations ou réactions affectives, et ne pas chercher à les travestir.

Ainsi, si les individus croient à leur propre performance, celle-ci est sincère. Mais s'ils sont conscients qu'ils tentent de faire bonne figure en prétendant être ce à quoi ils n'adhèrent pas, celle-ci est cynique.

D'autres recherches proposent des facteurs liés à la personnalité : l'unicité et la constance, comme nous le montrons dans le tableau ci-dessous.

Tableau 15.2 – Sources d'authenticité de l'influenceur : unicité et constance

| CONCEPT | DÉFINITION | CARACTÉRISTIQUES |
|---|---|---|
| Unicité | Degré d'originalité et de distinction par rapport aux autres influenceurs | Originalité |
| | | Indépendance |
| | | Créativité |
| Constance | Capacité à rester fidèle à ses valeurs et comportements au fil du temps | Fiabilité |
| | | Intégrité |
| | | Persévérance |

L'unicité reflète le fait que l'influenceur est original, indépendant et créatif. Il se distingue clairement des autres par ses caractéristiques personnelles, son contenu et son approche de communication et ne se conforme pas aux tendances dominantes. La constance se réfère à la capacité d'un influenceur à rester fidèle à lui-même au fil du temps et dans différentes situations. Cela signifie que ses opinions, valeurs et comportements demeurent cohérents, même face à des pressions externes. Un influenceur constant est perçu comme fiable parce qu'il ne change pas de position de manière opportuniste.

## *L'ESSENTIEL*

- Pour un individu, le fait de suivre un influenceur peut permettre de combler certains besoins comme celui de s'informer, avoir un lien social ou se divertir.
- Les influenceurs peuvent être aussi suivis pour leur charisme ou pour l'univers qu'ils projettent.
- Le lien émotionnel et cognitif qui se crée entre un influenceur et sa communauté devient un levier de fidélité mais aussi de pouvoir d'influence.
- Les abonnés choisissent de plus en plus des figures qui incarnent des valeurs auxquelles ils adhèrent, notamment en termes d'authenticité.

# Chapitre 16
# Les consommateurs et l'influence responsable

## *Executive summary*

- **Les consommateurs** attendent que les influenceurs aient un comportement éthique et adhèrent à des labels, suivent des chartes déontologiques ou obtiennent des certifications.
- **L'influence responsable** se traduit par la transparence, l'honnêteté, et la prise en compte des impacts sociaux et environnementaux.
- **Elle doit aussi** protéger les consommateurs de certains risques lorsqu'ils suivent des influenceurs.
- **Comment** les influenceurs peuvent encourager des comportements responsables ?

## Comment identifier l'influence responsable ?

Dans la définition de ce qu'est un influenceur, se trouve l'idée d'avoir une influence sur les comportements de consommation et d'achat. Dès lors, deux questions reviennent souvent quand on parle d'influence : tous les influenceurs font-ils nécessairement de la promotion de marques ? Certains influenceurs pourraient-ils ne faire que du contenu promotionnel ? Arrêtons-nous quelques instants sur ces différentes options.

Au-delà de l'aspect commercial, la collaboration avec une marque peut représenter une opportunité pour des influenceurs. En effet, le fait de mettre en avant une marque peut permettre d'apporter des conseils sur des produits, d'être source d'inspiration ou de proposer des bons plans à son audience. De plus, une collaboration avec une grande marque peut apporter de la visibilité à un influenceur ainsi qu'être un gage de sérieux et de légitimité pour sa communauté. Par ailleurs, communiquer sur une marque ne veut pas forcément dire promouvoir un produit ou service.

### AVIS D'EXPERTE

**Eva Coulon** | spécialisée en influence à l'ISCOM Lille

#### Comment adopter un comportement d'influenceur responsable ?

Les influenceurs ne sont pas de simples vecteurs publicitaires, ils sont avant tout créateurs de contenu. Ils recommandent des tendances et des produits, et d'autre part, ils incarnent des valeurs qui influencent les choix des consommateurs. Il existe un certain attrait pour leur mode de vie qui véhicule une part de rêve dans leur façon de consommer. Leurs audiences cherchent ainsi à mener la même vie qui semble rêvée et ont tendance à vouloir imiter leurs comportements d'achat.Dans ce sens, les influenceurs ont donc une responsabilité grandissante sur les comportements de leurs audiences face aux enjeux éthiques et environnementaux.

Certains influenceurs peuvent encourager la surconsommation en présentant des produits comme « indispensables » et en créant un désir d'achat impulsif.

Cependant, de nouvelles tendances émergent en faveur d'une influence éthique, telles que la désinfluence, le « No Buy Challenge » (défi zéro achat) ou le « Projet Pan » (un défi TikTok contre le gaspillage et la surconsommation des produits de beauté). Ces tendances gagnent en visibilité, même si la désinfluence tend à devenir une simple recommandation de « bons produits » et bien que ces challenges soient souvent motivés par des raisons économiques.

Jean-Patrick Théveny souligne par ailleurs le développement de la tendance *de-influencing* qui est née sur TikTok : « C'est une tendance qui s'oppose à la surconsommation et représente un moyen pour les utilisateurs des médias sociaux de se questionner sur leur surconsommation et sur le manque d'éthique sur les réseaux. »

Il est important que l'influenceur puisse être sélectif dans ses collaborations afin de choisir des marques et produits qu'il apprécie vraiment pour viser une communication promotionnelle en adéquation avec sa ligne éditoriale. Par ailleurs, il lui faut trouver un équilibre entre du contenu commercial et du contenu non commercial, pour lequel l'influenceur ne va pas percevoir de rémunération. On peut faire ici un parallèle avec d'autres activités. Si l'on pense par exemple à des journalistes, ils vont pouvoir vivre de leur activité grâce aux abonnements payants des lecteurs mais aussi, et de plus en plus, par les publicités qui sont insérées dans leurs supports de communication. Dans un environnement où les accès à des contenus deviennent de moins en moins payants par les utilisateurs, la publicité est un outil incontournable pour assurer la pérennité de la création de contenu. Dans ce contexte, il devient alors essentiel de savoir différencier le contenu sponsorisé de celui qui ne l'est pas, afin qu'il n'y ait aucune confusion possible pour les consommateurs.

## AVIS D'EXPERTES

**Julie Dremière** | Head of social media, influence & e-reputation d'Allianz France

**Myriam Hannachi** | Senior Social Media & Influence Manager d'Allianz France

### Exemple de collaboration responsable : campagne Allianz avec LeBouseuh sur la prévention autour du ski

Allianz a collaboré avec des influenceurs pour mettre en avant ses valeurs et engagements sociétaux, sans parler de ses offres. Ainsi, la marque a mis en place une campagne d'influence avec comme objectifs de sensibiliser le grand public, et notamment les jeunes, aux risques liés aux sports d'hiver.

L'influenceur « LeBouseuh » (4,3 millions d'abonnés sur YouTube) a été invité à Val Thorens par Allianz France. Il est venu avec trois de ses amis de la chaîne « Les Inachevés ». Ensemble, ils ont réalisé une vidéo qui visait à faire comprendre que les sports d'hiver peuvent être très risqués. L'objectif était de sensibiliser aux bonnes pratiques à travers différents axes de prévention tout au long de la vidéo. Durant cette collaboration, Allianz a aussi tourné des capsules vidéo (« Pour skier en toute sécurité », « En piste ensemble », etc.), diffusées sur YouTube et dédiées au thème des bonnes pratiques.

## Quels sont les labels et règles de déontologie ?

La loi du 9 juin 2023 sur l'influence a fait l'objet de critiques de la part de la communication européenne, notamment sur la territorialité de la loi (au sein de l'espace économique européen) et la façon dont les mentions ont été figées dans le texte (« publicité » ou « collaboration commerciale », « image retouchée », « image virtuelle »). Par exemple, l'Ordonnance de novembre 2024 visant à encadrer l'influence commerciale et à lutter contre les dérives des influenceurs propose d'élargir les possibilités pour identifier l'intention commerciale, au-delà de « publicité » ou « collaboration commerciale », par « une mention équivalente adaptée aux caractéristiques de l'activité d'influence et au format du support de communication utilisé[1] ».

**Bon à savoir : règlement et responsabilité selon l'Union des Marques**

Selon l'Union des Marques, deux points illustrent les efforts de réglementation sur l'influence : le développement durable et l'équilibre alimentaire.

1. Le développement durable : les allégations environnementales sont très surveillées. Sur une phrase, on peut aller trop loin. C'est pourquoi l'on doit vérifier quels mots peuvent être employés pour évoquer une implication écologique.
2. L'équilibre alimentaire : l'influence est rentrée dans la charte Arcom (Autorité de régulation de la communication audiovisuelle), ce qui implique la notion de sensibilisation à l'équilibre alimentaire (par ex. interdiction de consommation de produit alimentaire devant un écran).

Tous les contenus de l'influence commerciale doivent respecter les recommandations de l'ARPP (Autorité de Régulation Professionnelle de la Publicité). Des bilans d'application des recommandations permettent de suivre le respect des recommandations. En cas de non respect de ces recommandations, il peut y avoir un retrait du certificat et/ou une plainte devant le jury de déontologie publicitaire (déclaration de non-conformité) avec une demande de retrait (décision publique).

1. Ordonnance n° 2024-978 du 6 novembre 2024 modifiant la loi n° 2023-451 du 9 juin 2023 visant à encadrer l'influence commerciale et à lutter contre les dérives des influenceurs sur les réseaux sociaux.

## AVIS D'EXPERT

**Mohammed Mansouri** | directeur délégué de l'Autorité de Régulation Professionnelle de la Publicité (ARPP)

### Certificat de l'influence responsable

L'ARPP a développé en 2021 un certificat de l'influence responsable. Il s'agit de donner accès à des outils de pédagogie aux influenceurs, de les sensibiliser et les former aux règles qui encadrent la communication. On compte aujourd'hui 2 000 créateurs certifiés, de toute taille.

Il est important de comprendre les spécificités de l'influence commerciale. « Fait de l'influence commerciale celui qui publie un contenu, par voie électronique, faisant la promotion d'un produit (bien ou service) ou d'une cause, de manière directe ou indirecte, en échange d'une contrepartie financière et/ou un avantage en nature, à destination de son audience établie sur le territoire français quel que soit le nombre de personnes concernées[2]. »

La contrepartie peut être « un paiement, un produit, un service, un pourcentage sur les ventes, un séjour, etc. ».

Par ailleurs, un programme pédagogique est proposé aux influenceurs pour mieux s'approprier le nouveau cadre légal et les règles déontologiques de la pratique. On trouve quelques règles clés, comme le fait que :

- certains produits sont interdits de publicité ;
- les partenariats doivent être dévoilés ;
- le *greenwashing* doit être prohibé ;
- la protection des mineurs doit être assurée ;
- et les Règles sectoriels (alcool, santé, beauté, jeux) doivent être respectées.

L'Observatoire de l'Influence Responsable mène régulièrement des études[3] sur le respect des règles de déontologie dans l'influence et souligne une baisse des infractions et le fait

2. « L'ARPP actualise sa fiche pratique "Communication d'influenceurs et marques" », communiqué de presse de l'Autorité de Régulation Professionnelle de la Publicité, 3 juin 2024.
3. Observatoire de l'Influence Responsable de l'ARPP, 2024.

que le non-respect des règles est davantage « le fait des influenceurs à faible audience, ou *long tail*, alors que les créateurs à forte audience se professionnalisent et maîtrisent les règles de transparence ». Certaines marques ne travaillent qu'avec des influenceurs certifiés, comme L'Oréal, Samsung, Club Med, La Banque Postale, La Française des Jeux, Netflix, etc.

Selon Rahul Titus, Global Head of influence d'Ogilvy Paris, « l'influence n'est plus un "plus" pour les marques, c'est un canal essentiel à l'activité. Cette expansion de l'influence crée de nouveaux défis : polarisation sociale, guerres culturelles et enjeux éthiques ». Dans ce contexte, l'influence responsable n'est plus une tendance, mais une obligation pour préserver la réputation des marques et garantir l'authenticité des échanges avec les consommateurs. Rahul Titus précise qu'Ogilvy UK « ne collabore plus avec des influenceurs qui modifient leur corps ou leur visage dans les publicités sur les réseaux sociaux. L'agence s'engage ainsi à travailler avec des influenceurs qui acceptent de ne pas utiliser de filtres ou d'outils de retouche modifiant leur apparence physique dans les campagnes menées pour le compte de ses clients ». L'objectif est de promouvoir la transparence et l'acceptation de soi, en présentant des images plus vraies et plus représentatives de la diversité des corps. Il s'agit d'aller vers une représentation plus authentique et responsable de l'image corporelle sur les réseaux sociaux.

## Quelle est la menace apportée par les *dupes* ?

Aujourd'hui, le phénomène des *dupes* inquiète les marques. Le terme « dupes » – abréviation de *duplicates* en anglais – désigne des produits qui imitent l'apparence et la fonctionnalité de produits haut de gamme, mais à des prix nettement inférieurs. Contrairement aux contrefaçons, les dupes ne cherchent pas à tromper le consommateur sur l'origine du produit. Ils proposent une alternative économique en jouant sur une esthétique similaire ou des fonctionnalités inspirées de marques iconiques. Les influenceurs jouent parfois un rôle d'accélérateur à l'achat d'un *dupe* : sur TikTok, *#dupe* cumule 6 milliards de vues, avec des influenceurs qui se spécialisent dans les tests de dupes.

Selon une étude Statista[4], plus de la moitié des consommateurs européens ont déjà acheté des *dupes* en 2024. Les réseaux sociaux jouent un rôle central dans la popularisation des *dupes* avec la circulation de tutoriels ou de comparaisons avant-après mis en avant par des algorithmes qui favorisent la viralité de ce type de contenu. Enfin, les commentaires et avis laissés par les clients sur ces plateformes renforcent la confiance dans ces produits et créent une forme de communauté autour de l'idée d'un luxe « démocratisé ». Dans un contexte économique marqué par l'inflation, les dupes peuvent représenter une solution pour concilier esthétique et budget. Récemment, le chausseur Jonak a perdu en appel contre Chanel pour une imitation de chaussures et a dû s'acquitter d'une amende de 180 000 euros. Les marques traditionnelles ont donc des possibilités judiciaires pour se défendre, mais il reste difficile de contrer ce phénomène car il y a souvent une confusion entre contrefaçon (« copie pure ») et dupe (imitation d'un produit à succès tel qu'un parfum dans le luxe ou un produit cosmétique).

## Quelle protection des consommateurs ?

Il est important que les internautes puissent développer un esprit critique vis-à-vis des influenceurs. Les adolescents et les jeunes sont à un stade crucial de construction identitaire. Pour les chercheurs

4. "Share of consumers in Europe who would purchase dupe fashion, beauty, or luggage products in 2024", *Statista*, 2 octobre 2024.

Jaiswal, Vemireddy et Angeli[5], une exposition constante au marketing promu par les influenceurs peut générer des attentes irréalistes en matière d'apparence physique, de mode de vie et de réussite. Les chercheurs alertent sur le fait que ce type de marketing émotionnel, fondé sur l'identification à l'influenceur, renforce des modèles de consommation et des standards esthétiques inaccessibles, provoquant frustration, anxiété et mauvaise estime de soi. Une analyse de 2023, menée par les sociologues Sánchez-Alonso et López-Meri[6], démontre quant à elle que les influenceurs jouent un rôle clé dans la perception du succès, de la beauté et de la consommation chez la Génération *Z*. Leur étude révèle que plus de 70 % des adolescents suivent au moins trois influenceurs qui promeuvent des marques chaque semaine, influençant directement leur comportement d'achat et l'idée qu'ils se font d'eux ou d'elles-mêmes.

## FICHE PRATIQUE

### LA RÉGLEMENTATION SELON LES PRODUITS/SERVICES

L'influenceur est assujetti à la réglementation de la loi Evin qui définit de manière limitative les supports de communication et le contenu de la publicité en faveur des vins ou spiritueux. Initialement, la loi Evin n'autorisait pas la publicité en faveur de ces produits sur Internet, dans la mesure où ce support de communication ne figurait pas parmi la liste exhaustive de ceux autorisés par l'article L.3323-2 du Code de la santé publique. Il faudra attendre 2009 pour que le législateur autorise ce support de promotion, à l'exception des sites principalement destinés à la jeunesse, et de ceux édités par des associations, sociétés et fédérations sportives.

5. Jaiswal A. K., Vemireddy V., Angeli F., "Social media 'stars' vs 'the ordinary' me: influencer marketing and the role of self-discrepancies, perceived homophily, authenticity, self-acceptance and mindfulness", *European Journal of Marketing*, n° *58* (2), 2024, p. 590-631.
6. Balseca Mera J. M. ., Galarza Schoenfeld A. S., "Influencers y su impacto en los adolescentes, generación 'z'", *Revista Científica Y Arbitrada De Ciencias Sociales Y Trabajo Social : Tejedora*, - (12 ép.), 19 janvier 2023, p. 203-221.

L'influenceur est ainsi autorisé à promouvoir des vins et des spiritueux sur les réseaux sociaux dont la part des mineurs parmi les utilisateurs est, selon les tendances de la jurisprudence majoritaire, inférieure à 30 %. En revanche, cette publicité est prohibée sur le Web dès lors que cette proportion dépasse les 30 % (Snapchat, TikTok, etc.). Toutefois, il existe des zones grises où il est difficile de quantifier la tranche d'âge des utilisateurs. Afin de respecter cette réglementation, il est recommandé aux influenceurs d'inscrire « Ne pas partager aux −18 ans » ou « Ne pas partager ce contenu avec des personnes mineures » dans leur biographie. Concernant les contenus autorisés, il faut de nouveau se référer à la loi Evin. L'influenceur peut ainsi créer du contenu dans le cadre d'une collaboration commerciale sur :

1. le produit (la dénomination de vente, les moyens de productions, les caractéristiques olfactives et gustatives, etc.) ;
2. le mode de consommation (les modalités de vente, le nom et l'adresse du fabricant, le mode de conditionnement, la création de recettes de cocktails, etc.) ;
3. le mode de commercialisation (les conditions optimales de dégustation ou de service du produit, les associations culinaires possibles, etc.).

Les posts associant les boissons alcoolisées à des moments festifs, de détente et de vacances ne sont pas autorisés. Tout contenu doit également être accompagné du message sanitaire « L'abus d'alcool est dangereux pour la santé. À consommer avec modération ».

La loi Influence soumet le créateur de contenus à une obligation d'information lorsqu'il s'adresse à ses abonnés en faisant preuve de transparence sur la nature de sa publication. Il doit ainsi explicitement écrire la mention « Publicité » ou « Collaboration commerciale » sous un post sponsorisé, ou encore « images retouchées » s'il effectue des modifications de son apparence physique, ou « images virtuelles » si la photographie publiée est issue de l'intelligence artificielle, et ce durant l'intégralité de la promotion.

## *L'ESSENTIEL*

- L'influence responsable est appelée à se développer du fait de la demande croissante des consommateurs et des marques d'aller vers des comportements plus vertueux.
- Les marques comme les créateurs doivent adopter des postures éthiques et durables.
- La sincérité perçue devient un facteur de fidélité, et la transparence un impératif.
- Mais la question se pose de savoir comment l'influenceur peut concilier monétisation, authenticité et impact social dans un écosystème régi par la rapidité et la viralité.

# Conclusion

Ce livre a été conçu comme un guide structuré pour appréhender le marketing d'influence dans toute sa complexité, en étudiant la perspective des influenceurs, des marques et des internautes.

La première partie, véritable porte d'entrée dans l'univers des influenceurs, s'est employée à montrer la diversité de leurs profils – loin des clichés – en distinguant les créateurs de contenu des célébrités ou des streameurs. Elle a permis de souligner que les motivations d'un influenceur sont variées et que son activité commence souvent autour d'une passion qu'il souhaite partager. Pour vivre de son activité d'influenceur, le parcours est complexe et demande à la fois une approche stratégique et de la persévérance. La stratégie consiste notamment à définir un positionnement unique et une ligne éditoriale claire, puis de mettre en place des actions pour être visible et attirer des internautes dans le but d'engager des collaborations rémunérées. Développer sa communauté prend du temps et requiert une discipline dans la fréquence de publications. Par ailleurs, les créateurs de contenu doivent aujourd'hui naviguer entre les exigences des marques en termes de créativité, celles des plateformes en termes d'algorithmes, et celle de leur communauté en termes d'éthique. Le rôle des influenceurs dépasse souvent celui de simples relais de communication : ils deviennent de véritables partenaires de marque apportant une valeur ajoutée créative, pour peu qu'une relation équilibrée, vertueuse et respectueuse soit établie.

La deuxième partie s'est attachée à la mise en œuvre stratégique du marketing d'influence du point de vue des marques et l'intégration de l'influence dans une stratégie globale de communication. Nous avons développé les étapes d'une collaboration réussie en détaillant : le choix des bons profils, la construction d'une relation durable et la mesure de l'impact des campagnes. Au cœur de cette démarche : la capacité à concilier contrôle de la marque et liberté créative de l'influenceur, mais aussi à construire un message sincère et cohérent avec l'identité de l'entreprise. Puis nous avons souligné la nécessité d'une juste rémunération par rapport aux performances demandées pour une collaboration réussie, qu'elle soit ponctuelle ou qu'elle s'inscrive dans la durée. Les rôles joués par les agents et agences auprès des marques et des influenceurs est apparu important pour faciliter les collaborations et aider les influenceurs à développer leurs activités. Enfin, nous avons rappelé les exigences réglementaires, notamment depuis la loi du 9 juin 2023 sur l'influence, et détaillé la façon dont les plateformes participent à l'écosystème de l'influence et accompagnent marques et influenceurs.

Enfin, la dernière partie analyse les raisons pour lesquelles les consommateurs se tournent vers les réseaux sociaux et suivent des influenceurs. Nous avons vu que leur appétence repose sur une recherche d'inspiration, de lien social, d'information mais aussi de valeurs éthiques. L'influenceur devient pour sa communauté un média d'information et d'interactions à part entière, dépassant le simple cadre promotionnel. Comprendre les attentes, les ressorts psychologiques et les exigences croissantes de transparence de la part des consommateurs permet aux marques de concevoir une communication plus éthique, plus incarnée, et donc plus efficace. Par ailleurs, il est essentiel que les consommateurs comprennent aussi les risques liés au fait de suivre un influenceur qui peut parfois présenter une image idéalisée en termes d'apparence physique et de style de vie.

L'un des enseignements importants de cet ouvrage réside dans la compréhension du fait que l'influence ne peut plus être pensée comme un levier accessoire de la communication. Elle est devenue un outil stratégique, à condition de comprendre ses mécanismes profonds, ses risques, mais aussi ses formidables opportunités. Elle exige une approche fine, documentée et responsable. L'avenir du marketing d'influence sera fait de collaborations plus authentiques, de récits plus incarnés, de pratiques plus encadrées et responsables et de relations plus équilibrées entre influenceurs, marques et publics. En comprenant les intérêts et les attentes de chaque partie prenante, les marques et les influenceurs pourront développer des stratégies gagnantes, au service non seulement de leur croissance, mais aussi d'un écosystème digital plus respectueux, plus inspirant et plus durable.

# Bibliographie

AUDREZET A., KERVILER (DE) G., & MOULARD J. G., "Authenticity under threat: When social media influencers need to go beyond self-presentation", *Journal of Business Research*, vol. 117, 2020, p. 557-569.

BALSECA MERA J. M., GALARZA SCHOENFELD A. S., "Influencers Y Su Impacto En Los Adolescentes, Generación Z", *Revista Científica Y Arbitrada De Ciencias Sociales Y Trabajo Social : Tejedora*, 2024.

CROES E., BARTELS J., "Young Adults' Motivations For Following Social Influencers And Their Relationship To Identification And Buying Behavior", *Computers In Human Behavior*, 2021.

DUVERNÉ T., « De la reconnaissance d'un statut légal "d'influenceur" à son rejet par les concernés : une mise en perspective "par le bas" de la loi », *Négocier les futurs possibles : formes et expériences du politique*, Doctoriales du LAP : Paris EHESS, 6 décembre 2023.

GRETZEL U., SCHÖLLHAMMER T., *Under Pressure: A Netnographic Study of Threats to Influencer and Creator Mental Health*, HICSS, 2024.

KARAHAN M. O., "How Social Media Influencers Shape Online Impulsive Buying: The Mediating Role of Parasocial Interaction", *Tourism & Management Studies*, n° 21(1), 2025.

KERVILER (DE) G., DEMANGEOT C., DOLBEC P. Y., "Why and How Consumers Perform Online Reviewing Differently", *Journal of Consumer Research*, n° 51 (6), 2025.

Kerviler (de) G., Heuvinck N., Gentina E., "'Make an effort and show me the love!' Effects of indexical and iconic authenticity on perceived brand ethicality", *Journal of Business Ethics*, 2022.

Ki C.-W., Park S., Kim Y.-K., "Investigating the mechanism through which consumers are 'inspired by' social media influencers and 'inspired to' adopt influencers' exemplars as social defaults", *Journal of Business Research*, n° 144, 2022.

McQuarrie E. F., Miller J., Phillips B. J., "The megaphone effect: Taste and audience in fashion blogging", *Journal of Consumer Research*, n° 40(1), 2013.

# Dans la même collection

ADARY A., AMIOT L., *Communication et marketing responsables*, 2e éd., 2024
ALLARY J., BALUSSEAU V., *La Publicité à l'heure de la data*, 2018
ARIBAUD F., TRÉGUER J.-P., *Le Silver marketing*, 2016
AURIER P., SIRIEIX L., *Marketing de l'agroalimentaire*, 3e éd., 2016
BAILLY S., *Maîtriser les techniques rédactionnelles*, 2e éd., 2023
BARBARAY C., *Satisfaction, fidélité et expérience client*, 2016
BATAT W., *Luxe et expérience client*, 2017
BERNARD S., *Marketing et commercialisation du livre*, 2025
BILLIET S., *Les Relations publics*, 2e éd., 2017
BÔ D., GUÉVEL M., LELLOUCHE R., *Brand culture*, 2e éd., 2019
BOURGEON-RENAULT D. (dir.), *Marketing de l'art et de la culture*, 3e éd., 2024
BREGEON DE SAINT-QUENTIN V., LEMERCIER B., *Le Grand Livre du marketing culinaire*, 2019
BRIONES E. (dit Darkplanneur), CASPER G., *La Génération Y et le Luxe*, 2014
BRIONES E. (dit Darkplanneur), *Luxe et Digital*, 2016
BRIONES E. (dit Darkplanneur), *Le choc Z*, 2020
CALLY E, *Réussir ses relations médias*, 2024
CANEVET F., GAMBATTO G., *Le Growth Hacking*, 3e éd., 2024
CANEVET F., *Dopez votre business avec les chatbots*, 2020

CHEVALIER M., MAZZALOVO G., *Management et Marketing du luxe*, 3e éd., 2015

CLAEYSSEN Y., HOUSEZ B., *L'E-mail marketing*, 4e éd., 2017

DE BARNIER V., JOANNIS H., *Marketing et création publicitaire*, 4e éd., 2016

DELVALLÉE J., HODIN R, *Le consommateur, éternel infidèle ?*, 2021

DURAND S., *Storytelling*, 2e éd., 2018

DURAND S., LECOMBE J., *Diversité et inclusion*, 2023

FLORÈS L., *Mesurer l'efficacité du marketing digital*, 3e éd., 2021

FROCHOT I., LEGOHEREL P., *Marketing du tourisme*, 4e éd., 2018

GALLOPEL-MORVAN K. *et al.*, *Marketing des associations*, 3e éd., 2021

GAUTIER A., *Marketing de la banque et de l'assurance*, 3e éd., 2023

GENTINA É., *Marketing et Génération Z*, 2016

GILLIBERT S., CASSIGNOL F., CREUSY O., *Design Branding*, 2016

GOTTELAND D., BOULÉ J.-M., HAON C., *L'Innovation : de l'idée au lancement*, 2017

GOULIAÉVA O., DOSQUET É., MOYSAN Y., *La Révolution des assistants vocaux*, 2020

GUERRIERI A., DOSQUET É., DOSQUET F., *Le Marketing mobile*, 2016

GURVIEZ P, RAFFIN S., *Nudge et Social Marketing*, 2019

JULIEN A., GAUTIER A., *Marketing de la banque et de l'assurance*, 3e éd., 2023

LARCENEUX F., PARENT H., *Marketing de l'immobilier*, 3e éd., 2018

LARRANAGA E., SOULARD L., *Le Retail face aux nouveaux modes de consommation*, 2018

LEGOHEREL P., POUTIER É., *Revenue Management*, 2e éd., 2017

Libaert T., *Le plan de communication*, 6e éd., 2023

Libaert T., Suart J., *Pilotez votre communication*, 2019

Marrone R., Gaillic C., *Le Grand Livre du marketing digital*, 2e éd., 2020

Meyronin B., *Manager l'expérience client-collaborateur*, 4e éd., 2020

Michel G., *Au cœur de la marque*, 4e éd., 2022

Montmory S., *L'IA au service du marketing*, 2024

Mouton D., Paris G., Tourné S., *Pratique du merchandising*, 5e éd., 2025

Perruchot-Garcia V., *Dynamiser sa communication interne*, 3e éd., 2025

Pommeray D., *Le Plan marketing-communication digital*, 2016

Ray D., Sabadie W., *Marketing relationnel*, 2016

Rieunier S., *Marketing sensoriel et expérientiel du point de vente*, 5e éd., 2022

Rieunier S., *Réussir sa collecte de dons*, 2025

Ries A, Trout J., *Les 22 lois du marketing*, 2021

Salesses L. *et al.*, *Management et marketing de la mode*, 2e éd., 2020

Toucheboeuf M., *Optimisez votre visibilité Web*, 2017

Truphème S., *L'Inbound Marketing*, 2e éd., 2021

Truphème S., *Content Marketing*, 2019

Vaublanc G., *Image, réputation, influence*, 2019

Vaublanc de G., Riou A., *Construire une marque forte*, 2024

88102 - (I) - AG 90 - BPE - CMU
Dépôt légal : septembre 2025
Achevé d'imprimer par
la Nouvelle Imprimerie Laballery 58500 Clamecy
N° d'impression : 508307
*Imprimé en France*